ÉRIC KAYSER

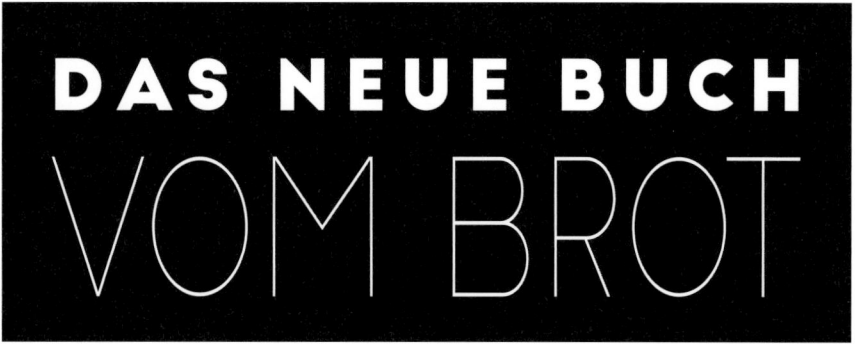

Fotos: **Massimo Pessina**
Design: **Delphine Lebrun**
Fachlektorat: **Régis Garnaud**

Aus dem Französischen von **Sandra Göbel**

50 AUTHENTISCHE REZEPTE ZUR (WIEDER-)ENTDECKUNG DES BROTES

JAN THORBECKE VERLAG

VORWORT

2013 erschien das „Larousse – Das Buch vom Brot". Mit seinen Rezepten hatte das Werk den Anspruch, zu den Wurzeln zurückzugehen, nämlich zu dem „wahren Brot" und dem Backen mit Sauerteig, das unseren Vorfahren so lieb und wert war. Die Menschen hatten genug von faden industriellen Produktionen von reduziertem Nährwert und wollten ihre Ernährung wieder selbst in die Hand nehmen, wissen, welche Zutaten benutzt werden, und selbst Verantwortung übernehmen. In der Überzeugung, dass Ernährung die beste Medizin ist, wollte „Das Buch vom Brot" darauf eine Antwort geben.

Bäckermeister Éric Kayser hatte damals die Herausforderung angenommen, seine Brotrezepte – eben jene, die den Erfolg des Hauses Kayser seit 1996 ausmachen – zu teilen und es so jedem von uns zu ermöglichen, sie zu Hause nachzubacken. Das Werk, übersetzt in acht Sprachen und zu beinahe 200 000 Exemplaren verkauft, begleitete zahllose Anfänger bei der Wiedereroberung des Genusses! In der vertrauten heimischen Küche, mit einfachen und leicht zugänglichen Zutaten schafften sie es, ihren Sauerteig herzustellen, ihren Teig zu kneten, ihr Brot zu backen und somit zu ihren eigenen Bäckern zu werden..

Acht Jahre später ist dieses neue Buch nun – stolz auf seine Vorgeschichte – die logische Folge, förmlich ein Muss. Wenn auch die Brotbacktechniken dieselben bleiben, so eröffnen doch die (Wieder-)Entdeckung alter Mehlsorten oder auch die Entwicklung neuer Mehlsorten ein völlig neues Experimentierfeld sowie eine ganze Palette an überraschenden Geschmacksrichtungen. Mit den Bildern des Fotografen Massimo Pessina werden 50 Rezepte vorgestellt, um Mehlsorten von hohem Proteingehalt (Linsenmehl, Mehl aus traditionellen Getreidesorten …) sowie andere, von Natur aus glutenarme Mehlsorten, wie Einkorn, zu entdecken. Wie gewohnt hat Éric Kayser beim Geschmack keine Kompromisse gemacht. Jedes Rezept ist beides: gesund und lecker; ob Kamut®-Brot, Hanfbrot oder auch Babka …

„Das neue Buch vom Brot" lädt auf diese Weise ein, die im „Larousse – Das Buch vom Brot" begonnene Entdeckungsreise fortzusetzen und weiterzuführen.

Kneten Sie sich mitten ins Herz des Brotes hinein!

INHALT

EINFÜHRUNG

ALLES ÜBER MEHL 10

KÖRNER UND CO 15

DIE GRUNDZUTATEN 16

DER SAUERTEIG 18

    FLÜSSIGER SAUERTEIG 18

    FESTER SAUERTEIG 19

GÄRUNG 19

ARBEITSMATERIAL 20

DIE VERSCHIEDENEN SCHRITTE DES BROTBACKENS ... 22

    DEHNEN UND FALTEN 24

    AUSARBEITEN UND FORMEN 25

DIE VERSCHIEDENEN FORMEN 26

    EINE KUGEL FORMEN 26

    EIN BÂTARD-BROT FORMEN 27

    EIN BAGUETTE FORMEN 28

    EIN RECHTECK FORMEN 29

MUSTER EINSCHNEIDEN 30

    KREUZMUSTER EINSCHNEIDEN 30

    BAGUETTEMUSTER EINSCHNEIDEN 30

    VIERECK EINSCHNEIDEN 32

    FISCHGRÄTMUSTER EINSCHNEIDEN 32

    RAUTENMUSTER EINSCHNEIDEN 33

BÄCKERWORTSCHATZ 34

FEHLER BEIM BACKEN VERMEIDEN 36

HERKÖMMLICHE BROTE

- VOLLKORNBROT 40
- BROT OHNE KNETEN 42
- KRANZBROT 46
- TOPFBROT 48
- ROGGENLAIB 50
- DREIKORNLAIB 52
- EINKORNBROT 54
- DINKEL-KÖRNER-BROT 58
- BUCHWEIZEN-KÖRNER-BROT 60
- DÄNISCHES BROT 62
- NORWEGISCHES BROT 64
- SESAMBROT 66
- LANDBROT 70

BROTE AUS UNGEWÖHNLICHEN MEHLEN

- REIS-BUCHWEIZEN-BROT 74
- KASTANIENBROT 76
- MAISBROT MIT SONNENBLUMENKERNEN 78
- TRAUBENKERNBROT 80
- GRIESSBROT 82
- LUPINEN-MANDEL-BROT 84
- KAMUT®-BROT 86

INHALT

LINSEN-KICHERERBSEN-BROT	88
HANFBROT	92
QUINOA-BROT	94
SÜSSKARTOFFELBROT	96

BROTE DER WELT

PIZZA	100
BURGERBRÖTCHEN	102
BAO-BUNS	106
NAAN-BROT	108
PITA	110
BAGEL	114
WRAP	116
ROSMARIN-FOCACCIA	120
CIABATTA MIT GETROCKNETEN TOMATEN UND BASILIKUM	122
CHALLA	124

BROTE MIT BESONDEREN ZUTATEN

KÄSEBROT	128
OLIVENBROT	132
WALNUSS-HASELNUSS-CURCUMA-BROT	134
FEIGEN-HASELNUSS-FENCHEL-BROT	136

INHALT

BLUMENBROT 140
BROT MIT GRÜNEM TEE UND KANDIERTEN
    ORANGEN 142
DATTEL-CURRY-BROT 144

SÜSSE BROTE

MILCHBRÖTCHEN 148
BRIOCHE MIT WEISSER SCHOKOLADE 150
BRIOCHE SCHOKO-BANANE 154
GÂCHE DE VENDÉE 160
ROSINEN-PEKANNUSS-EKMEK 164
SCHOKO-KOKOS-EKMEK 165
VIENNOISE AU CHOCOLAT 166
BABKA 170
KOKOS-BRIOCHE 172
JAPANISCHES MILCHBROT MIT WEISSER
    SCHOKOLADE 176
JAPANISCHES MILCHBROT MIT PISTAZIEN
    UND KIRSCHEN 177

INDEX DER REZEPTE 178
INDEX DER ZUTATEN 180

EINFÜHRUNG

ALLES ÜBER MEHL

WEIZENMEHL

Wussten Sie, dass es tausende verschiedene Mehlsorten gibt? Von ihnen allen verwenden wir hauptsächlich Hartweizen und Weichweizen, die sich, einmal gemahlen, zu Broten, Feingebäck, Kuchen, Teigwaren etc. verarbeiten lassen. Doch wie soll man sich zwischen all diesen Mehlsorten zurechtfinden – von Type 405 bis 812 über Vollkorn oder Hartweizengrieß?

Weizenmehl sind ganz einfach gemahlene Weizenkörner, ob Weich- oder Hartweizen.

Hartweizen hat, wie sein Name bereits sagt, eine harte und glasige Konsistenz und ist schwer zu feinem Mehl zu mahlen. Daher wird er häufig grob zu Grieß gemahlen: Man verwendet Hartweizengrieß vermischt mit anderen Mehlsorten, um bestimmte, nicht stark aufgehende Brote zu backen, wie das Grießbrot auf S. 82.

UND DAS KAMUT®-MEHL?

Das Kamut®-Korn, oder der Khorasan-Weizen, ist eine uralte Hartweizenart, welche aus Ägypten stammt, proteinreich ist und eine ausgeprägte Geschmacksnote hat. Man kann es pur oder mit Weizenmehl vermischt verwenden, wie beim Kamut®-Brot auf S. 86.

Im Gegenzug dazu ist **Weichweizen** (auch Brotweizen genannt) leicht zu mahlen und ergibt sehr feine, in der Brot- und Feinbäckerei häufig verwendete Mehle. Durch ihn erhält man im Allgemeinen luftige Krumen, daher eignet er sich perfekt für Hefeteige.

Es gibt jedoch zahlreiche Weizenmehle, die nach „Typen" unterschieden werden. Die Type gibt an, wie viel von der Schale noch im Mehl enthalten ist. Sie ist der äußere Bestandteil des Korns, auch Kleie genannt, und reich an Mineralstoffen. Um diesen Anteil zu ermitteln, verbrennt man kleine Mengen an Mehl bei einer sehr hohen Temperatur (900 °C), und die verbleibenden Mineralstoffe, die Asche, ermöglichen es, die Mehltype zu bestimmen.

VOLLKORNMEHLE = BIOMEHLE!

Je höher die Typenzahl des Mehls (812, 1050, 1600), desto mehr Schalen enthält es, die potenziell Pestiziden und Insektiziden ausgesetzt waren. Bei diesen Mehlen achten Sie darauf, sich an Bio-Lebensmittel oder an die nachhaltige und kontrollierte Landwirtschaft (CRC®-Zweig) zu halten.

Je niedriger die Type ist, desto „weißer" oder raffinierter ist das Mehl, d. h., es enthält weniger mineralische Anteile. Je höher die Type ist, desto kleiereicher und damit vollkorniger ist es (bis hin zum Vollkornschrot).

Im Allgemeinen findet man 6 Weizenmehltypen im Handel:

- Die sehr weißen **405- und 550-Mehle**, das an Fasern und Mineralstoffen reichere **550-Mehl**, welches ich Ihnen zum Backen Ihres üblichen Brotes empfehle, **das 812- oder Halbvollkornmehl**, welches sich perfekt für „rustikales" Land- oder Getreidebrot eignet. Da es schwieriger zu verarbeiten ist, wird es für Feingebäck nur selten verwendet.

- **Das leicht ausgemahlene 1050-Mehl**, mit dem man dichtes Brot herstellen kann. Man verwendet es allein oder vermischt mit anderen Mehlen.
- **Das 1600- oder Vollkornmehl**, welches den vollen Kleieanteil enthält. Es ergibt sehr dichtes Brot und kann, wie beim Norwegischen Brot auf S. 64, allein oder mit einem weißeren Mehl vermischt verwendet werden oder auch zusammen mit einem anderen Mehl, wie beim Lupinen-Mandelbrot auf S. 84.

Die Klassifizierung in Typen wird allgemein für Weizen verwendet, doch sie wird auch auf andere Getreidesorten angewandt, wie Roggen, Einkorn oder Dinkel ……

Das feinste Weizenmehl wiederum stammt aus besonders hochwertigem Weizen. Es ist glutenreicher als das Mehl 550 und daher elastischer, aber auch proteinreicher mit einer höheren Aufgehfähigkeit. Es ist ideal für Feingebäckrezepte und Hefeteige, vermischt mit Mehl der Type 550, wie beim Ciabatta mit getrockneten Tomaten und Basilikum auf S. 122, oder beim Dattel-Curry-Brot auf S. 144. In Deutschland kann man es z. B. unter der italienischen Bezeichnung Type 00 kaufen.

WAS IST NUN ABER BACKSTARKES MEHL?

Innerhalb einer selben Mehltype kann der Proteingehalt variieren, insbesondere das Gluten. Mehle unterteilt man daher entsprechend ihrer Glutenzusammensetzung: Je glutenreicher ein Mehl ist, desto eher spricht man von „backstark". Dies bedeutet, dass sein Glutennetzwerk, welches im Zuge der Teigherstellung entsteht, widerstandsfähiger gegen Verformungen sein wird. Diese Mehle mit einer Backstärke über 180 W sind besonders gefragt beim Brotbacken.

UND DIE ANDEREN MEHLSORTEN?

Hier finden Sie eine unvollständige Liste an Mehlen sowie ihre mögliche Verwendung in der Bäckerei.

- **Roggenmehl** hat einen rustikalen, recht ausgeprägten Geschmack. Man verwendet es bis zu 20–50 % vermischt mit einem neutralen Mehl.
- **Buchweizenmehl** verwendet man pur oder vermischt mit einem neutralen Mehl.
- **Gerstenmehl** verwendet man bis zu 25 % vermischt mit einem neutralen Mehl.
- **Hafermehl** hat einen süßlichen Geschmack. Man verwendet es bis zu 50 % vermischt mit einem neutralen Mehl.
- **Maismehl** verwendet man pur. Es ergibt eine sandige und brüchige Konsistenz.
- **Reismehl** hat einen eher neutralen Geschmack. Man verwendet es bis zu 50–70 % vermischt mit einem neutralen Mehl. Die Ergebnisse sind krümelig.
- **Kastanienmehl** hat eine charakteristische, milde und süße Geschmacksnote. Man verwendet es bis zu 20–50 % vermischt mit einem neutralen Mehl.
- **Einkornmehl** hat einen leicht nussigen Geschmack. Man verwendet es bis zu 30 % vermischt mit einem neutralen Mehl.
- **Dinkelmehl** hat eine ausgeprägtere Geschmacksnote als Einkorn. Man verwendet es bis zu 50 % vermischt mit einem neutralen Mehl oder pur.
- **Linsenmehl** hat eine milde und leichte Geschmacksnote. Man verwendet es bis zu 25 % mit einem neutralen Mehl vermischt.
- **Hirsemehl** kann man pur verwenden, aber häufig wird es mit einem neutralen Mehl (Reismehl …) vermischt.
- **Kichererbsenmehl** hat eine zarte, süßliche Geschmacksnote. Man verwendet es bis zu

30–40 % vermischt mit einem neutralen Mehl. Es geht überhaupt nicht auf.

- **Quinoa-Mehl** hat einen leicht bitteren Geschmack. Man verwendet es bis zu 20–30 % vermischt mit einem neutralen Mehl.
- **Lupinenmehl** hat einen leicht nussigen Geschmack. Man verwendet es bis zu 30 % vermischt mit einem neutralen Mehl. Teilweise kann man damit Butter oder Ei ersetzen.
- **Traubenkernmehl** verwendet man bis zu 10–15 % vermischt mit einem neutralen Mehl.
- **Süßkartoffelmehl** verwendet man bis zu 50 % vermischt mit einem neutralen Mehl.

MIT ODER OHNE GLUTEN?

Diese Mehlsorten enthalten Gluten:
- Weizen- und Kamut®-Mehl
- Hafermehl
- Roggenmehl
- Gerstenmehl
- Dinkelmehl

Diese Mehlsorten enthalten kein Gluten:
- Buchweizenmehl
- Maismehl
- Reismehl (weiß oder Vollkorn)
- Kastanienmehl
- Quinoa-Mehl
- Lupinenmehl
- Hirsemehl
- Linsenmehl
- Kichererbsenmehl
- Süßkartoffelmehl …

KOMBINIEREN SIE!

In der Brot- und Feinbäckerei sollte man ohne Bedenken die verschiedenen Getreidesorten und Typen miteinander kombinieren, um die Nährstoffe zu ergänzen, die man in den verschiedenen Lebensmitteln findet, und damit für eine abwechslungsreiche Ernährung zu sorgen.

Glutenfreie Mehle werden selten allein verwendet, denn ihre Konsistenz und ihr Geschmack sind häufig sehr markant. Daher sollte man mehrere von ihnen kombinieren, um ein ausgeglichenes und homogenes Ergebnis zu erzielen, wie bei dem Linsen-Kichererbsen-Brot auf S. 88.

KÖRNER & CO.

Fügen Sie Ihrem Brot Körner, Getreide oder Schalenfrüchte hinzu, für knusprige und originelle Geschmacksnoten!

Hanfkörner	aber auch …
Chiasamen	**Getreideflocken (Hafer …)**
Kürbiskerne	**Popcorn**
Leinsamen	**Mandeln**
Mohn	**Haselnüsse**
Sesam	**Walnüsse**
Sonnenblumenkerne	**Pekanüsse** …

EINFÜHRUNG

DIE GRUNDZUTATEN

Um Ihr Brot zu backen, brauchen Sie fünf Grundzutaten: Mehl, Wasser, Salz, Hefe und Sauerteig. Doch auch diese sollte man sorgfältig auswählen!

Mehl: Die Möglichkeiten sind zahlreich. Um sich hier zurechtzufinden, siehe S. 10.

Wasser: Am besten Quellwasser oder gefiltertes Leitungswasser verwenden, um Kalk und Unreinheiten zu vermeiden.

Salz: Vorzugsweise ein unraffiniertes, mineralstoffreiches und jodarmes Salz wählen.

Sauerteig (flüssig oder fest): Gemäß der Anleitung auf S. 18 selbst zubereiten.

Trockensauerteig: Den finden Sie im Bioladen. Er kann den flüssigen Sauerteig ersetzen, doch die Backhefe, die er enthält, kann die Gärung des Sauerteigs behindern.

Frische Backhefe: Die finden Sie bei Ihrem Bäcker oder in der Tiefkühlabteilung (sie hält sich im Kühlschrank bei 0-10 °C). Sie unterstützt die Wirkung des Sauerteigs, ersetzt sie jedoch nicht. In einer Mehl-Wasser-Mischung zerbröckeln und dabei jeglichen Kontakt mit Salz vermeiden.

Andere Zutaten: Eventuell möchten Sie Ihr Brot zusätzlich mit Körnern (siehe S. 15), Käse, Trockenfrüchten, Zucker, Öl (Oliven-, Sesam-, Haselnussöl ...), Honig, Milch ... anreichern. Die Möglichkeiten sind zahlreich. In jedem Fall wählen Sie eine hochwertige Qualität für ein optimales Ergebnis.

DER SAUERTEIG

Éric Kayser hat sich von Anfang an entschieden, flüssigen Sauerteig als Treibmittel für seine Brote und Feingebäcke zu verwenden. Dieser Gärstoff ist eng mit der Geschichte des Brotes verbunden: Die regelmäßig aufgefrischte Mischung aus Wasser und Mehl war das Erste, was zum Brotbacken verwendet wurde. Im 20. Jahrhundert vernachlässigten die Bäcker oft den Sauerteig. Sie zogen die Hefe vor, welche weniger schwierig zu handhaben ist und den Teig schneller aufgehen lässt. Allerdings lassen sich Hefebrote schlechter aufbewahren, und ihr Geschmack ist meist fader als der von Sauerteigbrot. Genau deshalb wollte Éric Kayser das Backen mit Sauerteig wieder einführen.

Je nach der dem Mehl hinzugefügten Wassermenge spricht man von festem oder flüssigem Sauerteig.

Möchten Sie den flüssigen Sauerteig durch Trockensauerteig zu ersetzen, nehmen Sie etwa 75 g Trockensauerteig für 150 g flüssigen Sauerteig.

FLÜSSIGER SAUERTEIG

Für ca. 700 g flüssigen Sauerteig

1. Tag
In einer Schüssel 50 g lauwarmes Wasser mit 50 g Mehl Type 1600, vorzugsweise Bio-Mehl (oder auch Mehl direkt von der Bio-Mühle), mit dem Schneebesen vermengen. Mit einem Tuch bedecken und 24 h bei Zimmertemperatur (20–25 °C) gären lassen.

2. Tag
In einer Schüssel 100 g lauwarmes Wasser mit 100 g Bio-Mehl Type 550 und 20 g Honig mit dem Schneebesen vermengen. Die Zubereitung vom Vortag unterheben und vermengen. Mit einem Tuch bedecken und 24 h bei Zimmertemperatur gären lassen.

3. Tag
In einer Schüssel 200 g Bio-Mehl Type 550 mit 200 g lauwarmem Wasser mit dem Schneebesen vermengen. Die Zubereitung vom Vortag unterheben und vermengen. Mit einem Tuch bedecken und 12 h bei Zimmertemperatur gären lassen. Der flüssige Sauerteig ist verwendungsbereit.

Der Sauerteig bleibt durchschnittlich zwei Tage nach seiner Auffrischung aktiv. Daher sollten Sie ihn alle zwei Tage auffrischen, indem Sie 50 % seines Gewichts an Wasser und Mehl hinzugeben. Wenn zum Beispiel 300 g Sauerteig übrig sind, 75 g Mehl und 75 ml Wasser hinzufügen.

Sie können den Sauerteig in einer luftdichten Dose bis zu acht Tage lang im Kühlschrank aufbewahren.

FESTER SAUERTEIG

Für ca. 650 g festen Sauerteig

1. Tag
In einer Schüssel 60 ml warmes Wasser (30 °C) mit 60 g Roggenmehl (vorzugsweise Bio) mit dem Schneebesen vermengen. Mit einem Tuch bedecken und 24 h bei Zimmertemperatur (20–25 °C) gären lassen.

2. Tag
In einer Schüssel 50 ml warmes Wasser (30 °C) mit 100 g Mehl von der Bio-Mühle und 20 g Honig mit dem Schneebesen vermengen. Die Zubereitung vom Vortag unterheben und vermengen. Mit einem Tuch bedecken und 24 h bei Zimmertemperatur gären lassen.

3. Tag
In einer Schüssel mit der Hand 250 g Mehl von der Bio-Mühle mit 135 ml warmem Wasser (30 °C) vermengen. Die Zubereitung vom Vortag unterheben und vermengen. Mit einem Tuch bedecken und 12 h bei Zimmertemperatur gären lassen. Der feste Sauerteig ist verwendungsbereit.

> Sie können den Sauerteig in einer luftdichten Dose bis zu acht Tage lang im Kühlschrank aufbewahren.

HEFE

Frische Bäckerhefe ist nicht zu verachten, wenn sie in der richtigen Menge verwendet wird: Sie ergänzt den Sauerteig in den meisten Rezepten dieses Buches. Sie begleitet die Gärung und gleicht so manches Mal den ausgeprägten sauren Geschmack bestimmter Sauerteige aus.

ARBEITSMATERIAL

Um die in diesem Buch vorgeschlagenen Brotrezepte nachzubacken, brauchen Sie Arbeitsmaterial, welches Sie sicherlich bereits zu Hause haben.

- Kleine Utensilien: Gummischaber, Spatel, Löffel etc., eine Teigrolle, um die Teiglinge auszurollen, ein Backpinsel, um das Brot mit Öl oder verquirltem Eigelb zu bestreichen, ein Sieb für das Mehl, eine Schere, um die Teiglinge einzukerben …

- Eine Elektrowaage, um die Zutaten und Teiglinge exakt zu wiegen.

- Eine Küchenmaschine ist unentbehrlich zum Kneten der meisten Brote.

- Ein Teigschneider ist nützlich, um den Teig von der Arbeitsfläche zu lösen, wenn Sie von Hand kneten, oder um den Teig aus der Schüssel zu holen und Ihre Finger abzukratzen.

- Eine Bäckerklinge für das stilvolle Einritzen.

- Schüsseln, um hierin die Zutaten zu vermengen.

- Gärkörbe (Bannetons): Diese leinenbedeckten Weidenkörbe sind zur Herstellung mancher Brote nützlich. Sie finden sie im Fachhandel oder im Internet. Ersatzweise eine mit einem sauberen, mehlbestäubten Küchentuch ausgelegte Schüssel benutzen.

- Backformen: Je nach Rezept brauchen sie spezielle Backformen (zum Beispiel Kastenformen). Halten Sie sich an die spezifischen Materialangaben in den Rezepten.

- Tücher und Küchenhandtücher, um die Teiglinge während ihrer Aufgehphasen zu bedecken.

- Backpapier für das Backblech, bevor das Brot in den Ofen geschoben wird.

DIE VERSCHIEDENEN SCHRITTE DES BROTBACKENS

1 DAS KNETEN

Das ist der erste Schritt bei der Brotherstellung: Die Zutaten werden in einer Küchenmaschinenschüssel (oder beim Kneten von Hand in einer Schüssel) den Angaben gemäß vermengt. Geknetet wird in unterschiedlichen Geschwindigkeitsstufen.

2 DIE ERSTE TEIGRUHE (STOCKGARE)

Die Teigruhe beginnt unmittelbar nach Ende des Knetvorgangs. Der Teig wird mit einem Tuch abgedeckt, um zu verhindern, dass sich eine Kruste bildet. Die Gärung bei Zimmertemperatur lässt ihn durch die Wirkung von Kohlendioxid, welches zu entweichen versucht, an Volumen zunehmen. Generell sollte sich das Teigvolumen verdoppeln. Wie lange dieser Schritt dauert, hängt von der Mehlsorte und der Raumtemperatur ab. In der Mitte der Teigruhe oder auch am Ende kann man den Teig falten, um ihm mehr Elastizität zu geben (siehe S. 24).

3 DAS TEILEN UND DAS RUNDWIRKEN

Nach der ersten Teigruhe werden die Teiglinge geteilt, sofern das Rezept für mehrere Brote ist. Das macht man mit einem Teigschneider und einer Elektrowaage, um gleich große Teiglinge zu erhalten. Direkt nach der Teilung werden die Teiglinge in eine luftige, glatte Form gebracht, um sie besser weiterverarbeiten zu können. Siehe die einzelnen Schritte auf S. 25.

4 DIE ZWISCHENGARE (WAHLWEISE)

Durch diese Gehzeit wird der Teigling nach der Teilung geschmeidiger und leichter zu bearbeiten und zu formen. Diese Ruhephase ist üblicherweise von kurzer Dauer.

5 DIE AUFARBEITUNG

Dieser Schritt verleiht dem Brot seine endgültige Form sowie ein glattes und regelmäßiges Äußeres. Es gibt verschiedene Arten der Aufarbeitung, je nachdem, welche Form gewünscht ist: Siehe ausführlicher auf S. 26.

7. DAS EINRITZEN ODER EINSCHNEIDEN (OPTIONAL)

Das Brot wird unmittelbar vor dem Backen eingeschnitten. Hierzu wird die Oberfläche mit einer Bäckerklinge eingeritzt, damit der Wasserdampf entweichen kann. Es gibt verschiedene Einritzarten. Siehe ausführlicher auf S. 30.

6. DIE LETZTE TEIGRUHE (STÜCKGARE)

Nach der Formgebung werden die Teiglinge mit einem Tuch bedeckt und ruhen bei Zimmertemperatur. So nehmen sie erneut an Volumen zu, und das Kohlendioxid sorgt für eine schön fluffige Krume. Das ist auch der Moment, um den Ofen vorzuheizen. Das Ende des Vorheizens sollte mit dem Ende der Teigruhe zusammenfalen.

8. DAS BACKEN

Ist der Ofen vorgeheizt, wird es Zeit, das Brot zu backen. Damit es während des Backens nicht austrocknet, sollte man in dem Moment, in dem man das Brot in den Ofen schiebt, Wasser auf ein heißes Blech geben. Die Backzeit variiert je nach Größe und Brottyp und muss kontrolliert werden.

9. DAS HERAUSHOLEN AUS DEM OFEN

Ist das Brot fertig gebacken, holt man es vorsichtig aus dem Ofen und legt es auf ein Abkühlgitter, damit Wasserdampf und Kohlendioxid daraus entweichen können.

EINFÜHRUNG

DAS DEHNEN UND FALTEN

Dieser Schritt findet in der Mitte oder auch am Ende der ersten Teigruhe statt, vor der Aufarbeitung oder auch gleichzeitig. Man verleiht dem Teig Form, indem man Luft hineinknetet und dabei das Glutennetzwerk strafft, um es fester, elastischer und glatter werden zu lassen. So lässt es sich besser formen, und das Brot bleibt im Ofen fest.

1 Auf der mit Mehl bestäubten Arbeitsfläche den Teig vorsichtig auseinanderziehen, dann einen Rand in Richtung Mitte falten.

2 Die anderen Ränder auf dieselbe Weise falten, wie bei einem Briefumschlag.

3 Die Ränder immer weiter in Richtung Mitte falten, um eine Kugel zu erhalten.

4 Die Faltnähte dürfen nicht mehr sichtbar sein.

DIE FORMGEBUNG (WIRKEN)

Nach der ersten Teigruhe wird der Teig in Teiglinge geteilt. Diese werden rasch geformt, bevor sie dann aufgearbeitet werden: Man spricht auch vom Vorformen. In dieser Phase den Teig so wenig wie möglich bearbeiten. Bevor die Teiglinge dann aufgearbeitet werden, durchlaufen sie eine kürzere oder längere Ruhephase, die Zwischengare.

EINE KUGELFORM VERLEIHEN (RUNDWIRKEN)

1. Den Teigling (auf einer nicht mit Mehl bestäubten Arbeitsfläche) rasch um sich selbst rollen.
2. Wenn sich die Faltkante unten befindet, den Teig nach unten ziehen, um eine schön runde Kugel zu erhalten.

Handelt es sich um einen kleinen Teigling, rollt man ihn einfach zwischen den Händen.

EINE LÄNGLICHE FORM VERLEIHEN (LANGWIRKEN)

Den Teigling (auf der nicht mit Mehl bestäubten Arbeitsfläche) plattdrücken und wie eine Walze rollen.

EINE RECHTECKIGE FORM VERLEIHEN

1. Den Teigling (auf der nicht mit Mehl bestäubten Arbeitsfläche) plattdrücken und die Ränder nacheinander übereinanderfalten.
2. Den Teigling umdrehen, sodass die Faltkante sich unten befindet, und den Teig nach unten ziehen, um einen gleichmäßigen Block zu erhalten.

EINFÜHRUNG

DEN TEIG FORMEN

Die Aufarbeitung der Teiglinge verleiht ihnen ihre endgültige Form und Oberfläche vor der letzten Teigruhe. Hier finden Sie einige Beispiele für Formen, welche in diesem Buch verwendet werden.

EINE KUGEL FORMEN

1 Den Teigling behutsam plattdrücken.

2 Einen ersten Rand in Richtung Mitte falten und nicht allzu stark drücken.

3 Den Vorgang mit dem anderen Rand wiederholen.

4 Den Teigling drehen, sodass die Faltkante nach unten kommt, dann zwischen den Händen rollen und dabei den Teig nach unten zusammenziehen, um eine Kugel zu erhalten.

EINEN BÂTARD FORMEN (LÄNGLICHER BROTLAIB)

1 Den Teigling behutsam plattdrücken.

2 Ein Drittel über den Rest falten und mit den Fingern andrücken. Um 180° drehen, dann erneut ein Drittel überschlagen und andrücken.

3 Längs zusammenfalten und die Ränder mit der Handwurzel zusammendrücken.

4 Unter den Händen so rollen, dass eine ovale, bauchige oder längliche Form entsteht – je nachdem, was gewünscht ist.

EIN BAGUETTE FORMEN

1 Den Teigling behutsam plattdrücken.

2 Ein Drittel über den Rest falten und mit den Fingern andrücken. Um 180° drehen, dann erneut ein Drittel überschlagen und andrücken.

3 Längs zusammenfalten und die Ränder mit der Handwurzel zusammendrücken.

4 Mit den Händen rollen, sodass eine längliche Form entsteht, und an den Enden dünner werden lassen.

EIN RECHTECK FORMEN

1 Den Teigling behutsam plattdrücken.

2 Ein Drittel über den Rest falten und mit den Fingern andrücken. Um 180° drehen, dann erneut ein Drittel überschlagen und andrücken.

3 Längs zusammenfalten und die Ränder mit der Handwurzel zusammendrücken.

4 Leicht unter den Händen rollen, um die Enden zu verschließen.

EINFÜHRUNG

DAS EINSCHNEIDEN

Das Einschneiden des Brotes vor dem Backen ergibt nicht nur ein hübsches Muster. Vielmehr lassen die Einschnitte den Wasserdampf entweichen, damit das Brot ausreichend an Volumen zunimmt. Um die Brotoberfläche einzuritzen, verwendet man Bäckerklingen oder „Grignettes". Hier einige Beispiele für Schnitte, die in den Rezepten dieses Buches verwendet werden.

DIE KREUZFORM

1 Das Brot in der Mitte einschneiden.

2 Rechtwinklig schneiden, sodass ein Kreuz entsteht.

DIE BAGUETTEFORM

1 Das Brot an einem Ende diagonal einschneiden.

2 Das Brot bis zum anderen Ende in regelmäßigen Abständen schräg und parallel einschneiden.

DIE VIERECKFORM

1 Das Brot an zwei Seiten parallel einschneiden.

2 Die anderen beiden Seiten rechtwinklig einschneiden, sodass man ein Viereck erhält.

DER FISCHGRÄTSCHNITT

1 Eine Hälfte des Brotes diagonal in regelmäßigen Abständen einritzen.

2 Die andere Hälfte des Brotes symmetrisch einritzen, sodass ein Blattmotiv entsteht.

DER RAUTENSCHNITT

1 Das Brot längs in regelmäßigen Abständen diagonal einritzen.

2 Danach das Brot in die entgegengesetzte Richtung einritzen.

EINFÜHRUNG

BÄCKERWORTSCHATZ

ABAISSE
Mithilfe einer Teigrolle oder von Hand dünn ausgerollter Teig.

ABDECKEN
Ein Tuch oder eine Folie über den Teig legen, um zu vermeiden, dass dieser eine Haut bildet.

ABGLÄNZEN/ABSTREICHEN
Mithilfe eines Pinsels einen Laib mit gequirltem Ei bestreichen, z.B. einen süßen Hefeteig.

ABSCHLAGEN
Teig nach dem Gehen mit den flachen Händen drücken oder schlagen, um das entstandene Gas zu entfernen oder besser zu verteilen.

ANBACKEN
Die ersten 10–15 Minuten im Ofen bei höherer Temperatur, um eine gute Kruste auszubilden.

ASCHEANTEIL
Kriterium zur Ermittlung der Mehltype. Er stellt den Mineralrückstand eines Mehls nach seiner Verbrennung bei 900 °C dar (siehe S. 10).

AUFARBEITUNG
Einem Teigling seine endgültige Form geben.

AUFFRISCHEN
Den Sauerteig „füttern", indem man ihm Wasser und Mehl hinzufügt.

AUFFRISCHUNG DES SAUERTEIGS
Einem Sauerteig Wasser und Mehl hinzufügen.

AUSBACKEN
Die Zeit im Ofen nach dem Anbacken, wenn die Temperatur etwas gesenkt ist und das Brot gart, ohne von außen zu verbrennen.

AUSSCHWITZPHASE
Phase, in der das aus dem Ofen geholte Brot abkühlt und dabei sein Wasser verliert.

AUTOLYSE
Schritt, der darin besteht, allein Wasser und Mehl zu vermischen und einige Stunden bei Zimmertemperatur ruhen zu lassen. Dieser Schritt verleiht dem Teig Elastizität und Geschmeidigkeit.

BASSINAGE
Zusätzliches Wasser, das während des Knetens nach Bedarf nach und nach hinzugefügt wird.

BÂTARD
Länglicher Brotlaib, Brotform zwischen rund und lang (siehe S. 27).

BEFEUCHTEN
Das Hinzufügen von Wasser während des Knetens.

BESTÄUBEN
Mehl über den Teiglingen oder auf der Arbeitsfläche verteilen, damit der Teig nicht klebt.

EINFETTEN
Mithilfe eines Pinsels die Wände einer Backform oder ein Blech mit einer feinen Schicht Butter oder Öl bestreichen, um zu vermeiden, dass das Brot anbackt.

EINSCHNEIDEN ODER EINRITZEN
Den Teigling mit einer Klinge ein- oder mehrfach einschneiden, damit das Kohlendioxid während des Backvorgangs entweichen kann (siehe S. 30).

EINSCHIESSEN/ EINSCHIEBEN
Das Brot in den Ofen schieben.

ENTGASEN
Dem Teigling einen Teil seines Kohlendioxids entziehen, indem man ihn während der Formgebung oder der Aufarbeitung plattdrückt. Dadurch verliert er an Volumen.

FALTEN
Den Teig einklappen, um das Glutennetzwerk zu straffen und seine Elastizität zu verbessern. Der Teig gewinnt an Festigkeit und entwickelt sich

gleichmäßig während der Stückgare und während des Backens.

FALTKANTE
Stelle, an welcher der Teigling sich schließt.

FESTIGKEIT
Die Teigfestigkeit wird durch seine Elastizität und Dehnbarkeit bestimmt. Wenn er nicht fest genug ist, ist er zu dehnbar, wenn er zu fest ist, ist er zu elastisch und damit schwierig zu bearbeiten.

GÄRKORB (BANNETON)
Mit einem Tuch ausgelegter Weidenkorb, in welchem die Teiglinge während der Stückgare ruhen.

GÄRUNG/FERMENTIERUNG
Biochemische Transformation des im Mehl enthaltenen Zuckers in einem sauerstofffreien Milieu durch die Wirkung von Hefepilzen und den Beitrag von Enzymen. Die Gärung findet während zwei Phasen statt: der ersten (Stockgare) und der letzten Teigruhe (Stückgare) (siehe S. 22).

KNETEN
Bearbeitung eines Teigs von Hand oder in einer Küchenmaschine mit Knethaken, damit er seine Festigkeit entwickelt (Geschmeidigkeit, Elastizität und Zähigkeit).

KONSISTENZ
Sie kann steif/fest oder weich/geschmeidig sein. Die Teigkonsistenz ist sehr wichtig, denn sie entscheidet darüber, wie das Brot aufgeht.

KRUME
Das Innere des Brotes unter der Kruste.

OFENTRIEB
Nennt man es, wenn der Teig während der ersten Backminuten aufgeht.

POOLISH
Flüssiger Vorteig aus einer Mischung aus Wasser und Mehl zu gleichen Anteilen mit frischer Backhefe.

SAUERTEIG
Mischung aus Brotmehl und Wasser mit oder ohne Salz, welche einen natürlichen Gärungsprozess durchläuft, der Säure erzeugt und den Teig aufgehen lässt.

SCHABEN
Mit einem Schaber die Wände eines Behältnisses grob säubern.

SCHWADEN
Eine kleine Menge Wasser (50 ml) auf ein heißes Blech gießen, wenn das Brot in den Ofen geschoben wird, um Dampf zu erzeugen.

SIEBEN
Die Klümpchen aus dem Mehl entfernen, indem man es horizontal in einem mehr oder weniger feinen Sieb schüttelt.

SPALTE
Eine Einritzung auf dem Teigling, bevor er in den Ofen geschoben wird (siehe S. 30).

STOCKGARE
Die erste Phase, in der der Teig geht. Sie beginnt nach dem Kneten beginnt und endet mit der Aufarbeitung.

STÜCKGARE
Die letzte Phase, in der der Teig geht, die nach der Aufarbeitung der Teiglinge anfängt und so lange andauert, bis das Brot in den Ofen geschoben wird.

TEIG, ZU JUNGER/ ZU KURZER
Ein Teig, dem es an Geschmeidigkeit mangelt.

TEIGLING
Abgewogenes Stück des geteilten Teigs zur Aufarbeitung.

TEIGSCHLUSS
Siehe Faltkante

TEILEN
Den Teig in Teiglinge von gleicher Form und gleichem Gewicht teilen.

TRIEB/AUFGEHEN
Die Gärung.

VERHAUTEN
Dazu kommt es, wenn ein Teig beim Gehen in Kontakt mit Luft geblieben ist, ohne mit einem Tuch oder einer Folie bedeckt worden zu sein.

ZWISCHENGARE
Ruhe- und Gärphase des Teigs zwischen seiner Teilung und seiner Aufarbeitung.

EINFÜHRUNG

WIE VERMEIDET MAN FEHLER BEIM BACKEN?

Hier einige Punkte zur Beachtung, bevor es losgeht.

DIE TEMPERATUR DER UMGEBUNG

Die Teiggärung ist abhängig von der Temperatur der Zutaten und der Temperatur Ihrer Küche. Im Winter sollte die Küche idealerweise eine Zimmertemperatur von 20–25 °C haben, ebenso die Grundzutaten Mehl, Wasser (in der Flasche oder Karaffe) und Eier. Im Sommer hingegen sollte die Küche so kühl wie möglich sein. Bei starker Hitze empfiehlt es sich, Wasser und Eier im Kühlschrank aufzubewahren. Auf diese Weise wird der Teig beim Kneten nicht so warm, und die Gärung wird verlangsamt.

DAS VORHEIZEN DES OFENS

Brot und Feingebäck muss in den bereits heißen Ofen geschoben werden. Daher muss der Ofen unbedingt vorgeheizt werden. Dabei die im Rezept angegebenen Temperaturen beachten, denn wenn das Brot bei schwacher Temperatur zu lange backt, geht es nicht so gut auf und schmeckt anders. Die Krume wird nicht so luftig, schwer und auch schwerer verdaulich.

ABWIEGEFEHLER

Um diese zu vermeiden, sollte man auf eine Elektrowaage setzen und sämtliche zu wiegenden Einheiten in Gramm umrechnen. So vermeidet man Umrechnungsfehler. Des Weiteren empfehle ich Ihnen, sämtliche Zutaten im Vorfeld abzuwiegen, anstatt nach und nach, um zu vermeiden, dass man etwas vergisst.

DAS VERFALLSDATUM VON HEFE

Frische Backhefe besteht aus lebenden Pilzen. Daher sollte sie stets im Kühlschrank aufbewahrt werden – bis zu zehn Tage in ihrer Originalverpackung und nach dem Öffnen noch einige Tage in einer luftdichten Dose. Eine Hefe, die gut treibt, erkennt man daran, dass sie cremefarben ist, sich problemlos mit den Fingern zerbröckeln lässt und einen angenehmen Geruch hat.

SALZ VERGESSEN

Ein Klassiker! Leider treiben Brot und Feingebäck ohne Salz äußerst schlecht, denn Salz reguliert die Gärung. Außerdem nehmen sie beim Backen deutlich weniger Farbe an, ganz zu schweigen vom Geschmack …

DIE WAHL DES MEHLS

Sie mögen versucht sein, das Mehl zu benutzen, welches Sie in ihrem Schrank haben, welches jedoch nicht von derselben Type ist, die im Rezept empfohlen wird. In diesem Fall erhalten Sie eventuell einen zu weichen Teig, der kaum zu formen ist. Ein proteinreiches und glutenhaltiges Mehl ist unentbehrlich für das Backen von Brot oder Feingebäcken. Stets die im Rezept angegebene Mehltype (550, feinstes Weizenmehl …) beachten.

DIE WASSERDOSIERUNG WÄHREND DES KNETENS

Dies ist ein sehr häufiger Fehler während des Teigknetens. Die Wassermenge kann je nach der Qualität des Mehls variieren. Je älter oder minderwertiger das Mehl ist, desto mehr Wasser nimmt es auf. Um einen Überschuss an Wasser zu vermeiden, niemals das ganze Wasser während des Knetens in die Mischschüssel geben. Halten Sie etwa 15–20 % zurück und geben Sie es nach und nach hinzu. Dabei die Teigkonsistenz im Auge behalten.

Trotz aller Vorsichtsmaßnahmen stoßen Sie auf ein Problem? Hier einige Hinweise, um die Ursachen zu verstehen und künftig Abhilfe zu schaffen.

Der Teig ist zu klebrig?

- Während des Knetens wurde zu viel Wasser hinzugefügt, oder das Wasser war zu heiß.
- Es wurde nicht korrekt geknetet.

Das Brot hat nicht genug Volumen?

- Das ausgewählte Mehl war zu glutenhaltig.
- Der Teig war zu kalt.
- Der Teig wurde beim Formen zu stark geknetet.
- Der Teig ist beim Gehen verhautet (nicht abgedeckt).
- Die Stückgare (letzte Teigruhe) war zu kurz.
- Die Einritzung wurde nicht korrekt vorgenommen.
- Die Ofentemperatur war zu hoch oder zu niedrig, oder es mangelte an Schwaden (Dampf).

Die Krume ist zu kompakt?

- Die Stockgare (erste Teigruhe) war zu kurz.
- Der Teig wurde zu fest geformt.
- Das Einritzen wurde nicht korrekt vorgenommen.
- Die Ofentemperatur ist zu hoch oder es mangelte an Schwaden.

Die Einritzungen haben nicht gehalten?

- Die Einritzung war zu oberflächlich oder wurde mit einem ungeeigneten Werkzeug vorgenommen.
- Es wurde nicht korrekt geknetet.
- Der Teig wurde zu fest oder zu locker geformt.
- Die Teiglinge sind schon zu sehr aufgegangen gewesen.
- Die Ofentemperatur war zu hoch oder es mangelte an Schwaden.

Die Brotkruste ist weich?

- Der Teig ist zu kalt.
- Der Teig wurde nicht gut geformt.
- Das Brot hat nicht lange genug gebacken.
- Es gab zu viele Schwaden beim Einschieben in den Ofen.
- Das Ausschwitzen (Abkühlen) wurde nicht korrekt durchgeführt.

Die Brotunterseite ist verbrannt?

- Die Ofentemperatur war zu hoch.
- Das Backblech war zu tief platziert.

HERKÖMMLICHE BROTE

VOLLKORNBROT

Für 2 Brote

VORBEREITUNG
20 MIN

RUHEZEIT
4:45 BIS 4:50 H

BACKZEIT
40 MIN

350 g Weizenbrotmehl, Type 1600

150 g herkömmliches Weizenmehl, Type 550

75 g flüssiger Sauerteig (siehe S. 18)

9 g Salz

2 g frische Backhefe

350 ml Wasser (16 °C) + 50 g Wasser (Bassinage, s. S. 34)

1 Sämtliche Zutaten (bis auf das zusätzliche Wasser) in die Schüssel einer Küchenmaschine mit Knethaken geben. 4 Minuten bei niedriger Stufe kneten. Wenn der Teig homogen ist, 8 Minuten bei hoher Stufe kneten. Wenn der Teig anfängt, sich von der Schüsselwand zu lösen, nach und nach das zusätzliche Wasser hinzugeben. Dabei 2–3 Minuten bei niedriger Stufe weiterkneten. Den Teig in eine Schüssel geben und diese mit einem Tuch bedecken. Bei Zimmertemperatur etwa 2h 30 angären lassen. Nach einer Stunde den Teig dehnen und falten (s. S.24).

2 Den Teig auf der leicht mit Mehl bestäubten Arbeitsfläche abschlagen (s. S. 34). In zwei gleich große Teiglinge (je etwa 480 g) teilen. Diese leicht zu Kugeln formen. Mit einem Tuch bedecken und 15–20 Minuten bei Zimmertemperatur ruhen lassen.

3 Die Teiglinge leicht plattdrücken und auf ein mit Backpapier ausgelegtes Backblech setzen. Mit einem Tuch bedecken und etwa 2 h bei Zimmertemperatur gehen lassen.

4 Den Ofen auf 250 °C vorheizen. Vorher ein zweites Blech auf der untersten Schiene einschieben. Die Brote auf dem Blech so drehen, dass die Faltkante, die beim Formen entstanden ist, beim Backen als Spalte fungiert. Unmittelbar vor dem Einschieben in den Ofen 50 ml Wasser auf das heiße Blech gießen. Die Brote erst 20 Minuten anbacken, dann die Temperatur auf 200 °C senken und weitere 20 Minuten ausbacken.

5 Nach dem Herausholen aus dem Ofen die Brote auf einem Gitter abkühlen lassen.

HERKÖMMLICHE BROTE

HERKÖMMLICHE BROTE

BROT OHNE KNETEN

Für 3 Brote

VORBEREITUNG
20 MIN

RUHEZEIT
31:15 H

BACKZEIT
40 MIN

500 g herkömmliches Weizenmehl Type 550

325 ml Wasser (20 °C)

9 g Salz

2 g frische Backhefe

150 g fester Sauerteig (siehe S. 19)

1 Am Vortag (24 h vorher): Mehl und Wasser in die Schüssel einer Küchenmaschine mit Knethaken geben und auf niedriger Stufe vermischen, bis ein gleichmäßiger Teig entsteht. Die Schüssel mit einem Tuch bedecken und 24 h bei Zimmertemperatur ruhen lassen.

2 Am nächsten Tag: Salz, Hefe und Sauerteig in die Schüssel geben. Bei niedriger Stufe vermischen, bis man einen glatten Teig erhält. Den Teig in eine Schüssel geben und mit einem Tuch bedecken. Etwa 5 h bei Zimmertemperatur angären lassen. Nach jeder Stunde dehnen und falten (s. S. 24).

3 Den Teig auf der mit Mehl bestäubten Arbeitsfläche in drei gleich große Teiglinge (je etwa 330 g) teilen. Leicht zu Kugeln formen. Mit einem Tuch bedecken und sie 15 Minuten bei Zimmertemperatur ruhen lassen.

4 Die Teiglinge zu Baguettes formen (siehe S. 28). Auf ein mit Backpapier ausgelegtes Backblech geben. Mit einem Tuch bedecken und 2 h bei Zimmertemperatur gehen lassen.

5 Den Ofen auf 250 °C vorheizen. Vorher ein zweites Blech auf der untersten Schiene einschieben. Jedes Baguette längs einritzen. Unmittelbar vor dem Einschieben in den Ofen 50 ml Wasser auf das heiße Blech gießen. Die Baguette erst 20 Minuten anbacken, dann die Temperatur auf 220 °C senken und weitere 20 Minuten ausbacken.

6 Nach dem Herausholen aus dem Ofen die Brote auf einem Gitter abkühlen lassen.

HERKÖMMLICHE BROTE

KRANZBROT

Für 1 Kranzbrot

VORBEREITUNG 25 MIN

RUHEZEIT 3:15 H

BACKZEIT 25 MIN

50 g Roggenmehl + für die Verarbeitung

450 g herkömmliches Weizenmehl Type 550

320 ml Wasser (20 °C)

100 g flüssiger Sauerteig (siehe S. 18)

4 g frische Backhefe

9 g Salz

Material:

Gärkorb (Banneton) in Kranzform

1 Mehle, Wasser, Sauerteig, Hefe und Salz in die Schüssel einer Küchenmaschine mit Knethaken geben. 4 Minuten bei niedriger Stufe vermengen, dann 7 Minuten bei hoher Stufe. Eine Kugel formen. Mit einem Tuch bedecken und 1 h bei Zimmertemperatur angären lassen. Nach 30 Minuten dehnen und falten (s. S. 24). Der Teig sollte an Volumen zunehmen.

2 Den Teig auf der mit Mehl bestäubten Arbeitsfläche in 6 gleich große Teiglinge (je etwa 155 g) teilen und mit den Händen zu Kugeln rollen. Mit einem Tuch bedecken und 45 Minuten bei Zimmertemperatur ruhen lassen.

3 Die Teiglinge aufnehmen und in den Händen drehen. Dabei sanft auf die Arbeitsfläche drücken . Mit Mehl bestäuben, dann ein Nudelholz am Rand der ersten Kugel ansetzen, etwas weniger als ein Drittel davon platt drücken und zu einer etwa 8 cm langen Lasche ausrollen . Die Lasche mit Roggenmehl bestäuben, dann über die Kugel falten . Den Vorgang mit den anderen 5 Kugeln wiederholen.

4 Einen Gärkorb in Kranzform mit Mehl bestäuben. Die Kugeln mit der Lasche nach unten hineinlegen . Sie müssen sich berühren, damit sie sich beim Gehen zusammenschließen und einen Kranz bilden. Den Gärkorb mit einem leicht feuchten Tuch bedecken und 1:30 h bei Zimmertemperatur gehen lassen.

5 Den Ofen auf 230 °C vorheizen. Vorher ein Blech auf der untersten Schiene einschieben. Den Kranz behutsam auf ein zweites, mit Backpapier ausgelegtes Blech legen und ein wenig Mehl daraufsieben. Unmittelbar vor dem Einschieben in den Ofen 50 ml Wasser auf das heiße Blech gießen. Den Kranz erst 10 Minuten anbacken, dann die Temperatur auf 210 °C senken und weitere 15 Minuten ausbacken.

6 Nach dem Herausholen aus dem Ofen das Kranzbrot auf einem Gitter abkühlen lassen.

HERKÖMMLICHE BROTE

1

2

3

4

HERKÖMMLICHE BROTE

TOPFBROT

Für 1 Brot

VORBEREITUNG
20 MIN

RUHEZEIT
3:15 H

BACKZEIT
1 H

500 g herkömmliches Weizenmehl Type 550 + für die Verarbeitung

325 ml Wasser (16 °C)

9 g Salz

2 g frische Backhefe

200 g flüssiger Sauerteig (siehe S. 18)

Material:

Ofenfester Topf

1 Mehl und Wasser in der Schüssel einer Küchenmaschine mit Knethaken vermengen und einige Minuten kneten. Die Schüssel mit einem leicht feuchten Tuch bedecken und den Teig 1 h bei Zimmertemperatur ruhen lassen.

2 Salz auf der einen Seite in die Schüssel geben, Hefe und Sauerteig auf der anderen. 10 Minuten bei niedriger Stufe kneten, dann 3 Minuten bei hoher Stufe. Der Teig sollte glatt sein und sich von der Schüsselwand lösen.

3 Den Teigling mit angefeuchteten Händen auf die mit Mehl bestäubte Arbeitsfläche heben, dehnen und falten (s. S. 24). Mit einem Tuch bedecken und 1 h bei Zimmertemperatur ruhen lassen.

4 Mit nassen Händen den Teigling wieder aufnehmen und erneut dehnen und falten (s. S. 24). Mit einem Tuch bedecken und 1:15 h bei Zimmertemperatur ruhen lassen.

5 Den Ofen auf 245 °C vorheizen. Den Teigling noch einmal dehnen und falten, dann in einen mit Mehl bestäubten oder mit Backpapier ausgelegten Topf legen. Nach Belieben die Oberseite des Brotes mit Mehl bestäuben, dann durch klare, schnelle Einschnitte Spalten erzeugen. Den Topf mit seinem Deckel schließen und für 1 h in den Ofen schieben.

6 Beim Herausholen aus dem Ofen darauf achten, sich beim Öffnen des Deckels nicht zu verbrennen. Das Brot auf einem Gitter abkühlen lassen.

· TIPP ·

Einen Topf aus Gusseisen, Ton oder Jenaer Glas verwenden (oder eine Tajine).

—

HERKÖMMLICHE BROTE

HERKÖMMLICHE BROTE

ROGGENLAIB

Für 1 Laib

VORBEREITUNG
20 MIN

RUHEZEIT
5:30 H

BACKZEIT
1:15 H

500 g Bio-Roggenmehl Type 1150/1370 + für die Verarbeitung

250 g Roggensauerteig (aufgefrischt; siehe unten und S. 18)

450–500 ml warmes Wasser (55–60 °C)

15 g Honig

10 g Meersalzflocken (Fleur de Sel)

2 g frische Backhefe

Zum Auffrischen des Sauerteigs:

30 g flüssiger Sauerteig (siehe S. 18)

110 g Roggenmehl Type 1150/1370

110 ml warmes Wasser (40 °C)

Material:

Gärkorb (wahlweise)

1 Den Sauerteig auffrischen: Sauerteig, Roggenmehl und Wasser in der Schüssel einer Küchenmaschine mit Knethaken vermengen. Mit einem Tuch bedecken und 3 h bei Zimmertemperatur ruhen lassen.

2 Sämtliche Zutaten in die Schüssel mit dem Sauerteig geben und 8 Minuten bei niedriger Stufe vermengen. Am Ende des Knetvorgangs sollte der Teig eine Temperatur von etwa 28 °C haben. Die Schüssel mit einem Tuch bedecken und den Teig 2 h bei Zimmertemperatur angären lassen.

3 Einen Gärkorb oder eine Schüssel mit einem mit Mehl bestäubten Küchentuch auslegen. Den Teigling leicht zur Kugel formen und mit der Faltkante nach unten in den Gärkorb legen. Mit einem Tuch bedecken und 30 Minuten bei Zimmertemperatur ruhen lassen.

4 Den Ofen auf 260 °C vorheizen. Vorher ein Blech auf der untersten Schiene einschieben. Den Laib auf ein zweites, mit Backpapier ausgelegtes Blech legen und ein wenig Mehl darauf sieben. Unmittelbar vor dem Einschieben in den Ofen 50 ml Wasser auf das heiße Blech gießen. Das Brot erst 40 Minuten anbacken, dann die Temperatur auf 220 °C senken und weitere 35 Minuten ausbacken.

5 Nach dem Herausholen aus dem Ofen das Brot auf einem Gitter abkühlen lassen.

TIPP

Sie können dem Teig 20 % Früchte oder Nüsse beimengen.

HERKÖMMLICHE BROTE

DREIKORNLAIB

Für 2 Brote

VORBEREITUNG
20 MIN

RUHEZEIT
1:15 H

BACKZEIT
1 H

600 g Roggenmehl Type 1150/1370 + für die Verarbeitung

200 g Buchweizen

200 g Bio-Einkornmehl Type 1600

750 g flüssiger Sauerteig (siehe S. 18)

650 ml warmes Wasser (55–60 °C)

18 g Salz

50 g herkömmliches Weizenmehl Type 550 (für die Verarbeitung)

Material:

Gärkörbe (wahlweise)

1. Alle Zutaten in die Schüssel einer Küchenmaschine mit Knethaken geben und 8 Minuten bei niedriger Stufe kneten, bis der Teig weich wird. Am Ende des Knetvorgangs sollte der Teig eine Temperatur von etwa 33 °C haben. Die Schüssel mit einem Tuch bedecken und den Teig 45 Minuten bei Zimmertemperatur angären lassen.

2. Die Gärkörbe oder Schüsseln mit einem mit Mehl bestäubten Küchentuch auslegen. Auf der mit Mehl bestäubten Arbeitsfläche den Teig in zwei gleich große Teiglinge (je etwa 1,2 kg) teilen. Zu Kugeln rollen und dann mit der Faltkante nach oben in die Gärkörbe legen. Mit einem Tuch bedecken und 30 Minuten bei Zimmertemperatur gehen lassen.

3. Den Ofen auf 250 °C vorheizen. Vorher ein Blech auf der untersten Schiene einschieben. Die Brote auf ein zweites, mit Backpapier ausgelegtes Blech legen und ein wenig Mehl darauf sieben. Unmittelbar vor dem Einschieben in den Ofen 50 ml Wasser auf das heiße Blech gießen. Die Brote erst etwa 45 Minuten anbacken, dann die Temperatur auf 200 °C senken und weitere 15 Minuten etwa backen.

4. Nach dem Herausholen aus dem Ofen die Brote auf einem Gitter abkühlen lassen.

HERKÖMMLICHE BROTE

HERKÖMMLICHE BROTE

EINKORNBROT

Für 4 Brote

VORBEREITUNG
25 MIN

RUHEZEIT
18 H

BACKZEIT
45 BIS 50 MIN

500 g Bio-Einkornmehl

250 g Einkornsauerteig (aufgefrischt, siehe unten und S. 18)

320 ml heißes Wasser (70 °C)

10 g Honig

10 g Meersalzflocken (Fleur de Sel)

2 g frische Backhefe

Zum Auffrischen des Sauerteigs:

45 g flüssiger Sauerteig (siehe S. 18)

135 g Einkornmehl

70 ml warmes Wasser (40 °C)

Material:

Kastenformen von 16 x 10 cm

1 Am Vortag: Den Sauerteig auffrischen. Sauerteig, Einkornmehl und Wasser in der Schüssel einer Küchenmaschine mit Knethaken vermengen. Die Schüssel mit einem Tuch bedecken und den Teig 3 h bei Zimmertemperatur ruhen lassen.

2 Alle Zutaten in die Schüssel mit dem Sauerteig geben. 15 Minuten bei niedriger Stufe verkneten. Am Ende des Knetvorgangs sollte der Teig eine Temperatur von etwa 25 °C haben. Den Teig aus der Schüssel nehmen, mit einem Tuch bedecken und 30 Minuten ruhen lassen.

3 Den Teig auf die mit Mehl bestäubte Arbeitsfläche legen, dehnen und falten (s. S. 24). Den Teig in eine Schüssel geben und mit Frischhaltefolie abdecken. Über Nacht kühl aufbewahren.

4 Am nächsten Tag: Den Teig auf der mit Mehl bestäubten Arbeitsfläche in 4 gleich große Teiglinge (je etwa 330 g) teilen. Die Formen zwei Drittel hoch einfetten. Teiglinge leicht zu Kugeln rollen und hineingeben. Mit einem Tuch bedecken und 2:30 h bei Zimmertemperatur gehen lassen.

5 Den Ofen auf 235 °C vorheizen. Vorher ein Blech auf der untersten Schiene einschieben. Unmittelbar vor dem Einschieben in den Ofen 50 ml Wasser auf das heiße Blech gießen. Die Teiglinge 45–50 Minuten backen.

6 Nach dem Herausholen aus dem Ofen die Brote auf einem Gitter abkühlen lassen.

HERKÖMMLICHE BROTE

HERKÖMMLICHE BROTE

DINKEL-KÖRNER-BROT

Für 2 Brote

VORBEREITUNG
25 MIN

RUHEZEIT
13:45 H

BACKZEIT
1:10 H
BIS 1:15H

500 g Bio-Dinkelmehl Type 812 + für die Verarbeitung

10 g Sesam

5 g Mohn + 5 g Leinsamen + 5 g Kürbiskerne + 5 g Sonnenblumenkerne

5 g frische Backhefe

50 g fester Sauerteig (siehe S. 19)

300 ml warmes Wasser (30 °C; 50+250)

9 g Salz

1 Am Vortag: Den Ofen auf 180 °C vorheizen. Die Körner auf ein Backblech geben und für 10–15 Minuten im Ofen rösten.

2 Hefe und Sauerteig in einer kleinen Schüssel in 50 ml Wasser auflösen und 15 Minuten bei Zimmertemperatur ruhen lassen.

3 Den Ofen auf 40 °C vorheizen. Die aufgelöste Hefe in die Schüssel einer Küchenmaschine mit Knethaken geben, dann den Rest Wasser, das Mehl und das Salz hinzufügen. Bei niedriger Stufe 10 Minuten kneten, nach 8 Minuten die Körner hinzugeben. Die Schüssel mit einem Tuch bedecken und 1 h im ausgeschalteten Ofen (25–30 °C) ruhen lassen. Der Teig sollte sein Volumen verdoppeln.

4 Den Teig auf der leicht mit Mehl bestäubten Arbeitsfläche ausbreiten, dann zu einer Kugel formen. Diese mit einem Tuch bedecken und über Nacht kühl stellen.

5 Am nächsten Tag: Den Teig auf der leicht mit Mehl bestäubten Arbeitsfläche abschlagen (s. S. 34) In zwei gleich große Teiglinge (je etwa 440 g) teilen. Leicht zu Kugeln formen, dann auf ein mit Backpapier ausgelegtes Blech geben. Mit einem Tuch bedecken und 30 Minuten bei Zimmertemperatur ruhen lassen.

6 Den Ofen auf 250 °C vorheizen. Vorher ein zweites Blech auf der untersten Schiene einschieben. Die Brote mit Mehl bestäuben und einritzen. Unmittelbar vor dem Einschieben in den Ofen 50 ml Wasser auf das heiße Blech gießen. Die Brote erst 35 Minuten anbacken, dann die Temperatur auf 230 °C senken und weitere 25 Minuten ausbacken. Das Brot sollte knusprig und schön goldgelb sein.

7 Nach dem Herausholen aus dem Ofen die Brote auf einem Gitter abkühlen lassen.

HERKÖMMLICHE BROTE

HERKÖMMLICHE BROTE

BUCHWEIZEN-KÖRNER-BROT

Für 2 Brote

VORBEREITUNG
20 MIN

RUHEZEIT
5:20 H

BACKZEIT
35 MIN

400 g herkömmliches Weizenmehl Type 550

100 g Buchweizenmehl

350 ml Wasser (16 °C)

9 g Salz

2 g frische Backhefe

100 g flüssiger Sauerteig (siehe S. 18)

100 g Körner (Hirse, Sesam, gelber oder brauner Leinsamen …)

1 Mehl und Wasser in der Schüssel einer Küchenmaschine mit Knethaken vermengen. 5 Minuten bei niedriger Stufe kneten. Die Schüssel mit einem Tuch bedecken und den Teig mindestens 30 Minuten bei Zimmertemperatur ruhen lassen.

2 Salz, Hefe und Sauerteig in die Schüssel hinzugeben und 5 Minuten bei niedriger Stufe kneten, dann 5 Minuten bei hoher Stufe. Der Teig sollte sich von der Schüsselwand lösen und eine Kugel bilden. Die Körner hinzufügen und alles 2 Minuten bei niedriger Stufe kneten. Am Ende des Knetvorgangs sollte der Teig eine Temperatur von etwa 24 °C haben. Die Schüssel mit einem Tuch bedecken und den Teig 2:30 h bei Zimmertemperatur angären lassen. Nach 1:30 h dehnen und falten (s. S. 24).

3 Den Teig auf der leicht mit Mehl bestäubten Arbeitsfläche in zwei gleich große Teiglinge (je etwa 450 g) teilen, dann leicht zu Kugeln formen. Mit einem Tuch bedecken und 20 Minuten bei Zimmertemperatur ruhen lassen.

4 Die Teiglinge zu länglichen Brotlaiben formen (s. S. 27), ohne sie abzuschlagen (s. S. 34). Auf ein mit Backpapier ausgelegtes Backblech geben und im Rautenmuster einschneiden (siehe S. 33). Mit einem Tuch bedecken und 2 h bei Zimmertemperatur gehen lassen.

5 Den Ofen auf 250 °C vorheizen. Vorher ein zweites Blech auf der untersten Schiene einschieben. Unmittelbar vor dem Einschieben in den Ofen 50 ml Wasser auf das heiße Blech gießen. Die Teiglinge erst 25 Minuten anbacken, dann die Temperatur auf 230 °C senken und weitere 10 Minuten ausbacken.

6 Nach dem Herausholen aus dem Ofen die Brote auf einem Gitter abkühlen lassen.

HERKÖMMLICHE BROTE

HERKÖMMLICHE BROTE

DÄNISCHES BROT

Für 2 Brote

VORBEREITUNG
20 MIN

RUHEZEIT
1:20 H

BACKZEIT
1:30 H

15 g frische Backhefe

500 ml warmes Wasser (30 °C; ½ Glas+Rest)

350 g Roggenmehl Type 1150/1370

150 g Weizenbrotmehl Type 1600

9 g Salz

15 g Honig

5 g Sonnenblumenkerne

5 g Kürbiskerne

5 g Sesam

50 g gehackte Walnüsse

50 g gehackte Haselnüsse

Haferflocken (zum Darüberstreuen)

Material:

Kastenformen 25 x 11 cm

1 Hefe in ½ Glas lauwarmem Wasser anrühren.

2 Mehl und Salz in der Schüssel einer Küchenmaschine mit Knethaken vermengen. Die angerührte Hefe hinzugeben und bei niedriger Stufe kneten, dabei nach und nach das restliche Wasser hinzugeben. Honig und Körner hinzugeben und mindestens 5 Minuten kneten. Walnüsse und Haselnüsse hinzugeben und weitere 5 Minuten kneten. Der Teig ist sehr weich und kann nicht von Hand geformt werden. Das ist normal.

3 Den Ofen auf 30 °C vorheizen. Die Kastenformen mit Backpapier auslegen und bis zu halber Höhe mit dem Teig befüllen. 1 h im ausgeschalteten Ofen (30 °C) gehen lassen.

4 Die Kastenformen aus den Ofen nehmen, diesen auf 175 °C vorheizen. Vorher ein Blech auf der untersten Schiene einschieben. Die Brote mit Haferflocken bestreuen. Unmittelbar vor dem Einschieben in den Ofen 50 ml Wasser auf das heiße Blech gießen. Die Brote für 1:30 h in den Ofen schieben, dann 20 Minuten im ausgeschalteten Ofen ruhen lassen.

5 Nach dem Herausholen aus dem Ofen die Brote noch ein wenig abkühlen lassen, bevor man sie aus der Form holt und auf ein Gitter legt.

HERKÖMMLICHE BROTE

NORWEGISCHES BROT

Für 4 Brote

VORBEREITUNG
25 MIN

RUHEZEIT
1 BIS 2 H

BACKZEIT
1 H

400 g herkömmliches Weizenmehl der Type 550

300 g Weizenbrotmehl Type 1600

300 g Einkornmehl

100 g Körner nach Wahl (Sesam, Sonnenblumenkerne …) + zum Darüberstreuen

600 ml Wasser (16 °C) + 150 ml zusätzliches Wasser (Bassinage, s. S. 34)

150 g flüssiger Sauerteig (siehe S. 18)

25 g Honig

20 g Salz

10 g frische Backhefe

Material:

Kastenformen 25 x 11 cm

1 Sämtliche Zutaten (außer dem zusätzlichen Wasser) in die Schüssel einer Küchenmaschine mit Rühraufsatz geben. 10 Minuten kneten, dann das zusätzliche Wasser hinzufügen und weitere 10 Minuten kneten. Mithilfe eines Teig- oder Gummischabers den Teig in die Formen verteilen und diese dabei etwas mehr als bis zur Hälfte befüllen. Mit einem Tuch abdecken und 1–2 h bei Zimmertemperatur gehen lassen, bis der Teig den Kastenrand erreicht hat.

2 Den Ofen auf 240 °C vorheizen. Vorher ein Blech auf der untersten Schiene einschieben. Unmittelbar vor dem Einschieben in den Ofen 50 ml Wasser auf das heiße Blech gießen. Die Brote mit den Körnern bestreuen, dann für 35 Minuten in den Ofen schieben. Die Brote aus den Formen holen, die Temperatur auf 210 °C senken und weitere 25 Minuten ausbacken.

3 Nach dem Herausholen aus dem Ofen die Brote auf einem Gitter abkühlen lassen.

· TIPP ·

Wer es süßer mag, kann am Ende des Knetvorgangs Trockenfrüchte hinzugeben. Rechnen Sie 100 g pro Kilo Teig.

HERKÖMMLICHE BROTE

HERKÖMMLICHE BROTE

SESAMBROT

Für 3 Brote

VORBEREITUNG
20 MIN

RUHEZEIT
16:30 BIS 17 H

BACKZEIT
30 MIN

100 g Sesam + zum Darüberstreuen

70 ml Wasser (zum Quellen)

500 g herkömmliches Weizenmehl Type 550 (oder backstarkes Mehl, Type 00)

280 ml Wasser (16 °C) + 25 ml zusätzliches Wasser (Bassinage, s. S. 34)

100 g flüssiger Sauerteig (siehe S. 18)

9 g Salz

3 g frische Backhefe

40 g Sesamöl + zum Bestreichen

1 Am Vortag: Den Ofen auf 240 °C vorheizen. Den Sesam auf ein Backblech geben und für 10 Minuten im Ofen rösten. Aus dem Ofen holen und in 70 ml Wasser quellen lassen.

2 Am nächsten Tag: Mehl, 280 ml Wasser, Sauerteig, Salz und Hefe in die Schüssel einer Küchenmaschine mit Knethaken geben. 5 Minuten bei niedriger Stufe kneten, dann 10 Minuten bei hoher Stufe. Der Teig sollte glatt sein und sich von der Schüsselwand lösen. Nach und nach das Sesamöl und das zusätzliche Wasser hinzugeben, dann die Körner, und 2 Minuten bei niedriger Stufe kneten. Die Schüssel mit einem Tuch bedecken und den Teig 3 h angären lassen. Nach 1:30 h einmal dehnen und falten (s. S. 24).

3 Den Teig auf der mit Mehl bestäubten Arbeitsfläche in drei gleich große Teiglinge (je etwa 375 g) teilen. Die Teiglinge zu länglichen Brotlaiben aufarbeiten (siehe S. 27), ohne sie allzu stark zu entgasen. Die Teiglinge auf ein mit Backpapier ausgelegtes Backblech geben, mit einem Tuch bedecken und 1:30 h–2 h bei Zimmertemperatur gehen lassen.

4 Den Ofen auf 250 °C vorheizen. Vorher ein zweites Blech auf der untersten Schiene einschieben. Unmittelbar vor dem Einschieben in den Ofen 50 ml Wasser auf das heiße Blech gießen. Die Brote mit Sesam bestreuen, dann für 20 Minuten in den Ofen schieben.

5 Nach dem Herausholen aus dem Ofen die Brote mit einem Pinsel mit Sesamöl bestreichen, dann auf einem Gitter abkühlen lassen.

HERKÖMMLICHE BROTE

HERKÖMMLICHE BROTE

LANDBROT

Für 1 Brot

VORBEREITUNG 20 MIN

RUHEZEIT 15:20 H

BACKZEIT 1:15 H

500 g Landweizenmehl

200 g fester Sauerteig (siehe S. 19)

380 ml Wasser (22 °C)

10 g Meersalzflocken (Fleur de Sel)

1 Am Vortag: Sämtliche Zutaten in die Schüssel einer Küchenmaschine mit Knethaken geben. 7 Minuten bei niedriger Stufe kneten. Die Schüssel mit einem Tuch bedecken und den Teig 3 h bei Zimmertemperatur angären lassen. Jede Stunde einmal dehnen und falten (s. S. 24)

2 Den Teigling auf eine mit Mehl bestäubte Arbeitsfläche legen und leicht zu einer Kugel formen. Mit einem Tuch bedecken und 20 Minuten bei Zimmertemperatur ruhen lassen.

3 Den Teigling zu einem Viereck aufarbeiten **1** **2**. Den Boden einer Schüssel mit einem Küchentuch auslegen und dieses mit Mehl bestäuben. Darauf den Teigling mit der Faltkante nach unten geben und mit einem Tuch bedecken. 12 h kühl (bei etwa 6 °C) stellen.

4 Am nächsten Tag: Den Teigling auf ein mit Backpapier ausgelegtes Backblech geben **3**. Den Ofen auf 250 °C vorheizen. Vorher ein zweites Blech auf der untersten Schiene einschieben. Das Brot im Rautenmuster einschneiden **4**. Unmittelbar vor dem Einschieben in den Ofen 50 ml Wasser auf das heiße Blech gießen. Das Brot erst 30 Minuten anbacken, dann die Temperatur auf 220 °C senken und weitere 45 Minuten ausbacken.

5 Nach dem Herausholen aus dem Ofen die Brote auf einem Gitter abkühlen lassen.

HERKÖMMLICHE BROTE

1

2

3

4

BROTE AUS AUS UNGEWÖHNLICHEN MEHLEN

REIS-BUCHWEIZEN-BROT

Für 2 Brote

VORBEREITUNG
20 MIN

RUHEZEIT
2:10 H

BACKZEIT
50 MIN

520 ml Wasser (20 °C)

30 g Honig

10 g frische Backhefe

300 g Buchweizenmehl

12 g Salz

200 g Reismehl + für die Verarbeitung

25 g Haselnussöl + für die Form

Material:

Kastenformen 25 x 11 cm

1 In einer Schüssel Wasser, Honig und die zerbröckelte Hefe mit einem Schneebesen vermengen, dann einige Minuten ruhen lassen.

2 Buchweizenmehl hinzugeben, mit dem Schneebesen verrühren, dann Salz hinzugeben und erneut mit dem Schneebesen verrühren. Reismehl unterheben und mit dem Gummischaber ohne allzu viel Nachdruck vermengen, um den Teig glatt zu bekommen. Ebensogut können Sie es in der Schüssel einer Küchenmaschine mit Flachrührer unterrühren. Schließlich das Haselnussöl hinzugeben und mit dem Gummischaber vermengen.

3 Die Formen bis zu zwei Dritteln hoch mit Haselnussöl einfetten und den Teig darin verteilen. Mit einem Tuch bedecken und 2 h bei Zimmertemperatur gehen lassen. Der Teig sollte leichte Blasen werfen.

4 Den Ofen auf 230 °C vorheizen. Vorher ein Blech auf der untersten Schiene einschieben. Unmittelbar vor dem Einschieben in den Ofen 50 ml Wasser auf das heiße Blech gießen. Die Brote mit Buchweizenmehl bestäuben, dann für 35 Minuten in den Ofen schieben. Die Brote aus der Form holen, die Temperatur auf 200 °C senken und weitere 15 Minuten backen. (Dabei erneut Wasser auf das erhitzte Blech geben.) Die Backzeit kann je nach Ofen variieren, machen Sie daher die Stäbchenprobe.

5 Nach dem Herausholen aus dem Ofen die Brote auf einem Gitter abkühlen lassen.

BROTE AUS AUS UNGEWÖHNLICHEN MEHLEN

KASTANIENBROT

Für 3 Brote

VORBEREITUNG
25 MIN

RUHEZEIT
14:35 H

BACKZEIT
40 MIN

125 g Bio-Kastanienmehl

325 g herkömmliches Bio-Weizenmehl Type 550

350 ml Wasser (16 °C)

150 g fester Sauerteig (siehe S. 19)

10 g Meersalzflocken (Fleur de Sel)

10 g Kastanienhonig

3 g frische Backhefe

150 g Kastanien

1 Am Vortag: Sämtliche Zutaten (außer den Kastanien) in die Schüssel einer Küchenmaschine mit Knethaken geben. 13 Minuten bei niedriger Stufe kneten, dann die Kastanien hinzugeben und 2 Minuten bei niedriger Stufe weiterkneten. Am Ende des Knetvorgangs sollte der Teig eine Temperatur von etwa 24 °C haben. Die Schüssel mit einem Tuch bedecken und den Teig 45 Minuten bei Zimmertemperatur angären lassen.

2 Den Teig auf die mit Mehl bestäubte Arbeitsfläche geben, dehnen und falten (s. S. 24). Den Teig in eine Schüssel geben und mit Frischhaltefolie abdecken. Über Nacht kühl aufbewahren.

3 Am nächsten Tag: Den Teig auf der mit Mehl bestäubten Arbeitsfläche in drei gleich große Teiglinge (je etwa 370 g) teilen. Leicht zur Kugel formen. Mit einem Tuch bedecken und 20 Minuten bei Zimmertemperatur ruhen lassen.

4 Die Teiglinge zu rechteckigen Laiben formen (s. S. 29). Auf ein mit Backpapier ausgelegtes Backblech geben, mit einem Tuch bedecken und 1:30 h bei Zimmertemperatur gehen lassen.

5 Den Ofen auf 240 °C vorheizen. Vorher ein zweites Blech auf der untersten Schiene einschieben. Unmittelbar vor dem Einschieben in den Ofen 50 ml Wasser auf das heiße Blech gießen. Die Brote für 40 Minuten in den Ofen schieben.

6 Nach dem Herausholen aus dem Ofen die Brote auf einem Gitter abkühlen lassen.

BROTE AUS AUS UNGEWÖHNLICHEN MEHLEN

MAISBROT MIT SONNENBLUMENKERNEN

Für 5 Brote

VORBEREITUNG
25 MIN

RUHEZEIT
3:50 H

BACKZEIT
25 MIN

300 g Maismehl + für die Verarbeitung

700 g herkömmliches Weizenmehl Type 550

18 g Salz

5 g frische Backhefe

650 ml Wasser (20 °C)

100 g flüssiger Sauerteig (siehe S. 18)

1 Ei

20 g Butter

150 g Popcorn

100 g Sonnenblumenkerne, geschält

1 Mehl, Salz, Hefe, Wasser, Sauerteig, Ei und Butter in die Schüssel einer Küchenmaschine mit Knethaken geben. 5 Minuten bei niedriger Stufe kneten, dann 10 Minuten bei hoher Stufe. Der Teig sollte glatt sein und sich von der Schüsselwand lösen. Popcorn und Sonnenblumenkerne hinzugeben, dann 2 Minuten bei niedriger Stufe kneten. Die Schüssel mit einem Tuch bedecken und den Teig 2 h bei Zimmertemperatur angären lassen.

2 Den Teig auf der leicht mit Mehl bestäubten Arbeitsfläche in 5 gleich große Teiglinge (je etwa 400 g) teilen. Diese in die Form von Rugbybällen aufarbeiten. Mit einem Tuch bedecken und 20 Minuten bei Zimmertemperatur ruhen lassen.

3 Die Teiglinge zu kleinen Baguettes von etwa 30 cm Länge formen (siehe S. 28). Mit einem Tuch bedecken und 1:30 h bei Zimmertemperatur ruhen lassen.

4 Den Ofen auf 230 °C vorheizen. Vorher ein Blech auf der untersten Schiene einschieben. Die Baguettes auf ein zweites, mit Backpapier ausgelegtes Backblech geben und leicht mit Maismehl bestäuben. Unmittelbar vor dem Einschieben in den Ofen 50 ml Wasser auf das heiße Blech gießen. Die Baguettes für 25 Minuten in den Ofen schieben.

5 Nach dem Herausholen aus dem Ofen die Brote auf einem Gitter abkühlen lassen.

BROTE AUS AUS UNGEWÖHNLICHEN MEHLEN

TRAUBENKERNBROT

Für 2 Brote

VORBEREITUNG
20 MIN

RUHEZEIT
17 H

BACKZEIT
45 MIN

40 g gelbe Rosinen

100 g Traubenkernmehl

800 g herkömmliches Weizenmehl Type 550

100 g steingemahlenes Mehl Type 812

625 ml Wasser (20 °C) + für die Rosinen

300 g fester Sauerteig (siehe S. 19)

20 g Meersalzflocken (Fleur de Sel)

3 g frische Backhefe

Material:

Kastenformen 25 x 11 cm

1 Am Vortag: Rosinen in einer kleinen Schüssel in Wasser einweichen.

2 Am nächsten Tag: Rosinen abtropfen lassen. Wasser und Mehle in die Schüssel einer Küchenmaschine mit Knethaken geben. 5 Minuten bei niedriger Stufe vermengen. Die Schüssel mit einem Tuch bedecken und den Teig 1 h bei Zimmertemperatur angären lassen.

3 Die restlichen Zutaten (außer den Rosinen) in die Schüssel geben und 10 Minuten bei niedriger Stufe kneten, dann 1 Minute bei hoher Stufe. Rosinen hinzugeben und 1 Minute bei niedriger Stufe vermengen. Den Teig in eine Schüssel legen. Mit einem Tuch bedecken und 2 h bei Zimmertemperatur ruhen lassen. Nach 15 sowie nach 45 Minuten einmal dehnen und falten (s. S. 24).

4 Den Teig in den Kastenformen verteilen, diese dabei bis zur Hälfte befüllen. Mit einem Tuch bedecken und 2 h bei Zimmertemperatur gehen lassen. Der Teig sollte den Kastenrand erreichen.

5 Den Ofen auf 230 °C vorheizen. Vorher ein Blech auf der untersten Schiene einschieben. Unmittelbar vor dem Einschieben in den Ofen 50 ml Wasser auf das heiße Blech gießen. Die Brote für 30 Minuten in den Ofen schieben, dann die Brote aus der Form holen, die Temperatur auf 200 °C senken und weitere 15 Minuten backen.

6 Nach dem Herausholen aus dem Ofen die Brote auf einem Gitter abkühlen lassen.

BROTE AUS AUS UNGEWÖHNLICHEN MEHLEN

BROTE AUS AUS UNGEWÖHNLICHEN MEHLEN

GRIESSBROT

Für 2 Brote

375 g herkömmliches Weizenmehl Type 550

125 g Hartweizengrieß

100 g flüssiger Sauerteig (siehe S. 18)

350 ml Wasser (20 °C)

2 g frische Backhefe

10 g Salz

Material:

Gärkörbe (wahlweise)

1 Mehl, Hartweizengrieß, Sauerteig, Wasser, Hefe und Salz in die Schüssel einer Küchenmaschine mit Knethaken geben. 4 Minuten bei niedriger Stufe kneten, dann 7 Minuten bei hoher Stufe. Der Teig sollte geschmeidig und glatt sein. Den Boden eines Gärkorbs oder einer Schüssel mit einem mit Hartweizengrieß bestäubten Küchentuch auslegen. Eine Kugel formen und in den Gärkorb legen. Mit einem leicht feuchten Tuch bedecken und 2 h bei Zimmertemperatur angären lassen. Der Teig sollte an Volumen zunehmen.

2 Den Teig auf der mit Mehl bestäubten Arbeitsfläche in 2 gleich große Teiglinge (je etwa 470 g) teilen. Diese leicht zu Kugeln formen, mit einem Tuch bedecken und 15 Minuten bei Zimmertemperatur ruhen lassen.

3 Die Teiglinge zu rechteckigen Laiben formen (siehe S. 29). Diese mit der Faltkante nach oben auf ein mit Backpapier ausgelegtes Backblech geben. Mit einem feuchten Tuch bedecken und 2 h bei Zimmertemperatur gehen lassen.

4 Den Ofen auf 230 °C vorheizen. Vorher ein zweites Blech auf der untersten Schiene einschieben. Unmittelbar vor dem Einschieben in den Ofen 50 ml Wasser auf das heiße Blech gießen. Die Brote für 20 Minuten in den Ofen schieben. Die Brote werden sich an der Faltkante öffnen.

5 Nach dem Herausholen aus dem Ofen die Brote auf einem Gitter abkühlen lassen.

TIPP

Das Brot nicht allzu lange backen lassen, da die Kruste leicht und knusprig bleiben sollte.

BROTE AUS AUS UNGEWÖHNLICHEN MEHLEN

LUPINEN-MANDEL-BROT

Für 2 Brote

VORBEREITUNG
15 MIN

RUHEZEIT
2 H

BACKZEIT
40 MIN

250 ml Wasser (16 °C)

5 g frische Backhefe

10 g Kokoszucker

100 g Lupinenmehl

200 g Weizenbrotmehl Type 1600

3 g Salz

40 g Mandeln

10 g Kokosöl

Material:

Kastenformen 25 x 11

1 Wasser, Hefe und Kokoszucker in die Schüssel einer Küchenmaschine mit Rühraufsatz geben. 3 Minuten bei niedriger Stufe verrühren, dann Mehle und Salz hinzugeben und 5 Minuten kneten. Etwa 1 Minute vor Beendigung des Knetvorgangs Mandeln und Kokosöl hinzugeben. Den Teig in den bis zu zwei Dritteln gefetteten Kastenformen verteilen. Mit einem feuchten Tuch bedecken und 2 h bei Zimmertemperatur gehen lassen.

2 Den Ofen auf 240 °C vorheizen. Vorher ein Blech auf der untersten Schiene einschieben. Unmittelbar vor dem Einschieben in den Ofen 50 ml Wasser auf das heiße Blech gießen. Die Brote für 30 Minuten in den Ofen schieben. Die Brote aus der Form holen, die Temperatur auf 200 °C senken und weitere 10 Minuten backen.

3 Nach dem Herausholen aus dem Ofen die Brote auf einem Gitter abkühlen lassen.

BROTE AUS AUS UNGEWÖHNLICHEN MEHLEN

BROTE AUS AUS UNGEWÖHNLICHEN MEHLEN

KAMUT®-BROT

Für 3 Brote

VORBEREITUNG
15 MIN

RUHEZEIT
3:30 H

BACKZEIT
25 MIN

300 g Kamut®-Mehl + für die Verarbeitung

200 g herkömmliches Weizenmehl Type 550

325 ml Wasser (20 °C)

150 g flüssiger Sauerteig (siehe S. 18)

10 g Salz

1 g frische Backhefe

1 Sämtliche Zutaten in die Schüssel einer Küchenmaschine mit Knethaken geben. 4 Minuten bei niedriger Stufe vermengen, dann 4 Minuten bei hoher Stufe. Eine Kugel formen, mit einem feuchten Tuch bedecken und 1:30 h bei Zimmertemperatur angären lassen. Der Teig sollte an Volumen zunehmen.

2 Den Teig auf der mit Mehl bestäubten Arbeitsfläche in 3 gleich große Teiglinge (je etwa 320 g) teilen. Leicht zu Kugeln formen. Mit einem Tuch bedecken und 30 Minuten bei Zimmertemperatur ruhen lassen.

3 Die Teiglinge zu länglichen Laiben von etwa 20 cm Länge aufarbeiten (siehe S. 27). Mit der Faltkante nach unten auf ein mit Backpapier ausgelegtes Backblech geben. Mit einem Tuch bedecken und 1:30 h bei Zimmertemperatur gehen lassen.

4 Den Ofen auf 225 °C vorheizen. Vorher ein zweites Blech auf der untersten Schiene einschieben. Kamut®-Mehl über die Teiglinge sieben und zweimal einschneiden. Unmittelbar vor dem Einschieben in den Ofen 50 ml Wasser auf das heiße Blech gießen. Die Brote für 25 Minuten in den Ofen schieben.

5 Nach dem Herausholen aus dem Ofen die Brote auf einem Gitter abkühlen lassen.

· TIPP ·

Kamut®-Mehl ist schwierig zu bearbeiten und ergibt einen Teig, der wenig treibt. Beim ersten Mal für eine größere Erfolgschance in einer Form backen.
—

BROTE AUS AUS UNGEWÖHNLICHEN MEHLEN

LINSEN-KICHERERBSEN-BROT

Für 2 Brote

VORBEREITUNG
20 MIN

RUHEZEIT
4:45 H

BACKZEIT
55 MIN

75 g Linsenmehl

75 g Kichererbsenmehl

350 g Weizenmehl Type 550

300 ml Wasser (16 °C)

20 g Kokoszucker

9 g Salz

5 g frische Backhefe

1 EL Olivenöl

1 Sämtliche Zutaten in die Schüssel einer Küchenmaschine mit Knethaken geben. 4 Minuten bei niedriger Stufe kneten, dann 4 Minuten bei hoher Stufe. Die Schüssel mit einem Tuch bedecken und den Teig 3 h bei Zimmertemperatur angären lassen. Nach 1:30 h einmal dehnen und falten (s. S. 24).

2 Den Teig auf der leicht mit Mehl bestäubten Arbeitsfläche in 2 gleich große Teiglinge (je etwa 420 g) teilen. Leicht zu Kugeln formen. Mit einem Tuch bedecken und 15 Minuten bei Zimmertemperatur ruhen lassen.

3 Die Teiglinge erneut zu Kugeln formen und auf ein mit Backpapier ausgelegtes Backblech geben. Mit einem Tuch bedecken und 1:30 h bei Zimmertemperatur gehen lassen.

4 Den Ofen auf 250 °C vorheizen. Vorher ein zweites Blech auf der untersten Schiene einschieben. Die Brote in Kreuzform einritzen (siehe S. 30). Unmittelbar vor dem Einschieben in den Ofen 50 ml Wasser auf das heiße Blech gießen. Die Brote erst für 30 Minuten anbacken, dann die Temperatur auf 220 °C senken und weitere 25 Minuten ausbacken.

5 Nach dem Herausholen aus dem Ofen die Brote auf einem Gitter abkühlen lassen.

BROTE AUS AUS UNGEWÖHNLICHEN MEHLEN

— BROTE AUS AUS UNGEWÖHNLICHEN MEHLEN —

HANFBROT

Für 2 Brote

VORBEREITUNG 15 MIN

RUHEZEIT 14:45 H

BACKZEIT 30 MIN

80 g Hanfkörner

50 ml Wasser für den Hanf

275 ml Wasser (16 °C) + 10 ml Bassinage (s. S. 34)

500 g Hanfmehl

100 g flüssiger Sauerteig (siehe S. 18)

9 g Meersalzflocken (Fleur de Sel)

2 g frische Backhefe

1. Am Vortag: Die Hanfkörner in einer Schüssel in 50 ml Wasser quellen lassen.

2. 275 ml Wasser und sämtliche Zutaten (außer dem zusätzlichen Wasser) in die Schüssel einer Küchenmaschine mit Knethaken geben. 5 Minuten bei niedriger Stufe kneten, dann 6 Minuten bei hoher Stufe. Dabei nach und nach das Bassinage-Wasser hinzugeben. Der Teig sollte homogen sein. Den Teig aus der Schüssel holen, zu einer Kugel formen und wieder in eine Schüssel geben. Mit einem Tuch bedecken und 1 h bei Zimmertemperatur angären lassen. Nach 30 Minuten einmal dehnen und falten (s. S. 24). Nach 1 h noch einmal dehnen und falten, die Schüssel mit Folie abdecken und kühl stellen.

3. Am nächsten Tag: Den Teig auf der mit Mehl bestäubten Arbeitsfläche in 2 gleich große Teiglinge (je etwa 500 g) teilen. Leicht zu Kugeln formen. Mit einem Tuch bedecken und 15 Minuten bei Zimmertemperatur ruhen lassen.

4. Den Backofen auf 25–30 °C vorheizen. Die Teiglinge zu länglichen Laiben aufarbeiten (siehe S. 27). Auf ein mit Backpapier ausgelegtes Backblech geben und 1:30 h im ausgeschalteten Ofen gehen lassen.

5. Das Blech aus dem Ofen holen, dann diesen auf 240 °C vorheizen. Vorher ein zweites Blech auf der untersten Schiene einschieben. Unmittelbar vor dem Einschieben in den Ofen 50 ml Wasser auf das heiße Blech gießen. Die Brote der Länge nach einritzen. Die Brote erst für 20 Minuten anbacken, dann die Temperatur auf 180 °C senken und weitere 10 Minuten ausbacken.

6. Nach dem Herausholen aus dem Ofen die Brote auf einem Gitter abkühlen lassen.

BROTE AUS AUS UNGEWÖHNLICHEN MEHLEN

QUINOA-BROT

Für 3 Brote

VORBEREITUNG
20 MIN

RUHEZEIT
3:20 H

BACKZEIT
25 MIN

125 g Quinoa-Mehl

375 g Bio-Einkornmehl + für die Verarbeitung

320 ml Wasser (24 °C)

100 g flüssiger Sauerteig (siehe S. 18)

10 g Meersalzflocken (Fleur de Sel)

3 g frische Backhefe

Material:

Kastenformen 25 x 11 cm

1 Sämtliche Zutaten in die Schüssel einer Küchenmaschine mit Knethaken geben. 8 Minuten bei niedriger Stufe kneten, dann 3 Minuten bei hoher Stufe. Am Ende des Knetvorgangs sollte der Teig eine Temperatur von etwa 23–25 °C haben. Die Schüssel mit einem Tuch bedecken und den Teig 1:30 h bei Zimmertemperatur angären lassen. Nach 30 Minuten einmal dehnen und falten (s. S.24).

2 Den Teig auf der mit Mehl bestäubten Arbeitsfläche in 3 gleich große Teiglinge (je etwa 310 g) teilen. Leicht zu Kugeln formen. Mit einem Tuch bedecken und 20 Minuten bei Zimmertemperatur ruhen lassen.

3 Die Teiglinge zu länglichen Laiben aufarbeiten (siehe S. 27). In gefettete Kastenformen geben. Mit einem Tuch bedecken und 1:30 h bei Zimmertemperatur gehen lassen.

4 Den Ofen auf 240 °C vorheizen. Vorher ein Blech auf der untersten Schiene einschieben. Die Brote leicht mit Mehl bestäuben. Unmittelbar vor dem Einschieben in den Ofen 50 ml Wasser auf das heiße Blech gießen. Die Brote für 25 Minuten in den Ofen schieben.

5 Nach dem Herausholen aus dem Ofen die Brote auf einem Gitter abkühlen lassen.

BROTE AUS AUS UNGEWÖHNLICHEN MEHLEN

SÜSSKARTOFFELBROT

Für 3 Brote

VORBEREITUNG
20 MIN

RUHEZEIT
4:20 BIS 4:50 H

BACKZEIT
20 MIN

150 g Süßkartoffelmehl

500 g herkömmliches Weizenmehl Type 550 + für die Verarbeitung

300 ml Wasser (16 °C)

32 g flüssiger Sauerteig (siehe S. 18)

23 g Olivenöl + zum Bestreichen

22 g Honig

10 g Salz

3 g frische Backhefe

80 g Kürbiskerne

1 Sämtliche Zutaten (außer die Kürbiskerne) in die Schüssel einer Küchenmaschine mit Knethaken geben. 5 Minuten bei niedriger Stufe kneten, dann so lange bei hoher Stufe, bis der Teig glatt ist und sich von der Schüsselwand löst. Die Kürbiskerne hinzugeben (jedoch einige zum Garnieren zurückbehalten) und 1 Minute bei niedriger Stufe kneten. Die Schüssel mit einem Tuch bedecken und den Teig 2:30 h bei Zimmertemperatur angären lassen. Nach 1 h einmal dehnen und falten (s. S. 24).

2 Den Teig auf der mit Mehl bestäubten Arbeitsfläche in 3 gleich große Teiglinge (je etwa 370 g) teilen und leicht zu Kugeln formen. Mit einem Tuch bedecken und 20 Minuten bei Zimmertemperatur ruhen lassen.

3 Die Teiglinge zu rechteckigen Laiben aufarbeiten (siehe S. 29). Die Brotoberseite leicht mit einem Pinsel befeuchten und mit Kürbiskernen garnieren. Die Brote auf ein mit Backpapier ausgelegtes Backblech geben. Mit einem Tuch bedecken und 1:30 h bis zu 2 h bei Zimmertemperatur gehen lassen. Der Teig sollte sein Volumen verdoppeln.

4 Den Ofen auf 240 °C vorheizen. Vorher ein zweites Blech auf der untersten Schiene einschieben. Unmittelbar vor dem Einschieben in den Ofen 50 ml Wasser auf das heiße Blech gießen. Die Brote für etwa 20 Minuten in den Ofen schieben.

5 Nach dem Herausholen aus dem Ofen die Brote mit einem Pinsel mit Olivenöl bestreichen und dann auf einem Gitter abkühlen lassen.

BROTE DER WELT

PIZZA

Für 2 große Pizzas

500 g herkömmliches Weizenmehl Type 550

260 ml Wasser (20 °C)

100 g flüssiger Sauerteig (siehe S. 18)

5 g frische Backhefe

10 g Salz

15 g feiner Kristallzucker

30 g Olivenöl + zum Bestreichen

Für die Garnitur:

400 g Tomatensauce

10 Scheiben Schinken

Etwas getrockneter Oregano

200 g geriebener Emmentaler

1. Mehl, Wasser, Sauerteig, Hefe, Salz und Zucker in die Schüssel einer Küchenmaschine mit Knethaken geben. 5 Minuten bei niedriger Stufe vermengen, dann 8 Minuten bei hoher Stufe. Etwa 2 Minuten vor Ende des Knetvorgangs das Öl hinzugeben. Eine Kugel formen, mit einem feuchten Tuch bedecken und 2 h bei Zimmertemperatur angären lassen. Nach 1 h einmal dehnen und falten (s. S. 24). Der Teig sollte an Volumen zunehmen.

2. Den Teig auf der mit Mehl bestäubten Arbeitsfläche in 2 gleich große Teiglinge (je etwa 460 g) teilen. Jeden mit einem Nudelholz auf die Größe des Backblechs ausrollen. Auf mit Backpapier ausgelegte Backbleche geben. Mit einer Gabel einstechen, dabei einen Rand von 1 cm lassen. Mit einem feuchten Tuch bedecken und 1 h bei Zimmertemperatur gehen lassen.

3. Die Tomatensauce auf dem Teig verteilen. Darauf die Schinkenscheiben legen und mit Oregano und Emmentaler bestreuen.

4. Den Ofen auf 235 °C vorheizen. Vorher ein weiteres Blech auf der untersten Schiene einschieben. Unmittelbar vor dem Einschieben in den Ofen 50 ml Wasser auf das heiße Blech gießen. Ein Pizzablech nach dem anderen für 4 Minuten anbacken, dann die Temperatur auf 220 °C senken und weitere 11 Minuten ausbacken.

5. Nach dem Herausholen aus dem Ofen mit dem Pinsel eine feine Ölschicht auf die Pizzaränder streichen.

TIPP

Um die tatsächlichen Maße des ausgerollten Teigs (der Abaisse) zu kennen und sicherzustellen, dass sie auf das Blech passt, die Abaisse von der Arbeitsfläche lösen. So nimmt sie ihre tatsächliche Größe an.

BROTE DER WELT

BURGERBRÖTCHEN

Für 10 Brötchen

VORBEREITUNG
20 MIN

RUHEZEIT
2:45 H

BACKZEIT
14 MIN

500 g Weizenmehl Type 405

200 ml Wasser (16 °C)

50 g flüssiger Sauerteig (siehe S. 18)

3 Eigelb

35 g feiner Kristallzucker

25 g Milchpulver

25 g Butter

12 frische Backhefe

10 g Salz

50 g Sonnenblumenöl + zum Bestreichen

Sesam (für die Verarbeitung)

1 Sämtliche Zutaten (außer das Sonnenblumenöl) in die Schüssel einer Küchenmaschine mit Knethaken geben. 5 Minuten bei niedriger Stufe kneten, dann 10 Minuten bei hoher Stufe. Das Sonnenblumenöl bei niedriger Stufe hinzugeben. Die Schüssel mit einem Tuch bedecken und den Teig 15 Minuten bei Zimmertemperatur ruhen lassen. Dann für etwa 30 Minuten kühl stellen.

2 Den Teig auf der mit Mehl bestäubten Arbeitsfläche in 10 gleich große Teiglinge (je etwa 100 g) teilen. Zu Kugeln formen (siehe S. 26). Mithilfe eines Pinsels mit Öl bestreichen, dann in Sesam wenden. Auf ein mit Backpapier ausgelegtes Backblech geben. Mit einem Tuch bedecken und 2 h bei Zimmertemperatur gehen lassen.

3 Den Ofen auf 170 °C vorheizen. Vorher ein zweites Blech auf der untersten Schiene einschieben. Unmittelbar vor dem Einschieben in den Ofen 50 ml Wasser auf das heiße Blech gießen. Die Brötchen für 14 Minuten in den Ofen schieben.

4 Nach dem Herausholen aus dem Ofen die Brötchen auf einem Gitter abkühlen lassen.

· VARIANTEN ·

Für Tomatenburger 50 ml Wasser durch 50 g Tomatenmark ersetzen. Für schwarze Burger 10 g Sepiatinte pro Kilo Teig hinzugeben.

BROTE DER WELT

BAO-BUNS

Für 12 Brötchen

VORBEREITUNG 25 MIN

RUHEZEIT 2:15 H

BACKZEIT 20 MIN

10 g frische Backhefe

270 ml warmes Wasser (35 °C)

500 g Weizenmehl Type 405

20 g feiner Kristallzucker

20 g geschmacksneutrales Öl + zum Bestreichen

6 g Salz

1 Hefe und Wasser in die Schüssel einer Küchenmaschine mit Knethaken geben und bei niedriger Stufe vermengen. Mehl, Zucker, Öl und Salz hinzugeben und 10 Minuten bei sehr niedriger Stufe kneten. Eine Kugel formen. Die Schüssel mit einem Tuch bedecken und den Teig 1:30 h bei Zimmertemperatur angären lassen.

2 Den Ofen auf 40 °C vorheizen. Den Teig auf der mit Mehl bestäubten Arbeitsfläche in 12 gleich große Kugeln (je etwa 70 g) teilen. Diese mit einem Nudelholz zu Ovalen ausrollen ❶. Die Ovale von der Arbeitsfläche heben, so dass sie sich wieder etwas zusammenziehen. Die Teiglinge auf ein mit Backpapier ausgelegtes Backblech geben. Mithilfe eines Pinsels die Teigoberseiten mit ein wenig Öl bestreichen, dann ein viereckiges Stück Backpapier über jeweils eine Hälfte legen ❷ ❸. Den Teig falten und über das Backpapier schlagen ❹. Die Teiglinge 45 Minuten im ausgeschalteten Ofen gehen lassen. Sie sollten sich schön aufblähen.

3 Die Baos aus dem Ofen nehmen; diesen auf 110 °C vorheizen. Vorher ein zweites Blech auf der untersten Schiene einschieben. Unmittelbar vor dem Einschieben in den Ofen 330 ml Wasser auf das heiße Blech gießen. Die Baos für 20 Minuten in den Ofen schieben. Sie können die Baos auch dampfgaren: Wasser in einem Topf zum Kochen bringen und einen mit Backpapier ausgelegten Dämpfkorb daraufsetzen. Die Baos in den Dämpfkorb geben (ohne dass sie sich berühren), bedecken und etwa 10 Minuten garen lassen. Durch den Dampf bildet sich ein glänzender Film.

BROTE DER WELT

1

2

3

4

· TIPP ·

Beim Dampfgaren jedes Brötchen auf ein viereckiges Stück Backpapier legen und behutsam in den Dampfkorb geben, indem man das Papier anhebt, ohne den Teigling zu berühren (so entgast er nicht).

BROTE DER WELT

NAAN-BROT

Für 9 Naans

120 ml Vollmilch

115 ml Wasser (20 °C)

10 g feiner Kristallzucker

5 g Speisesalz

1 Ei

470 g herkömmliches Weizenmehl Type 550 + für die Verarbeitung

10 g frische Backhefe

100 g flüssiger Sauerteig (siehe S. 18)

45 g Butter (zum Bestreichen)

Material:

Kochstein oder Pizzastein

1. Milch und Wasser in einer Schüssel vermischen, dann Zucker und Salz hinzugeben.

2. Ei, Mehl, Hefe und Sauerteig in die Schüssel einer Küchenmaschine mit Knethaken geben, dann die Wasser-Milch-Mischung unterheben. 10 Minuten bei niedriger Stufe kneten, bis ein homogener Teig entsteht. Die Schüssel mit einem Tuch bedecken und den Teig etwa 2 h bei Zimmertemperatur angären lassen. Der Teig sollte sein Volumen verdoppeln.

3. Den Teig auf der mit Mehl bestäubten Arbeitsfläche in 9 gleich große Teiglinge (je etwa 100 g) teilen. Diese leicht zu Kugeln formen und die Oberfläche mit Mehl bestäuben. Mit einem Tuch bedecken und 1 h bei Zimmertemperatur ruhen lassen.

4. Den Ofen auf 240 °C vorheizen. Vorher entweder eine Kochstein oder einen Pizzastein sowie auf der untersten Schiene ein Backblech einschieben. Die Teiglinge mit der Hand auf der mit Mehl bestäubten Arbeitsfläche so ausbreiten, dass etwas dickere Fladen entstehen, und dabei bemehlen. Unmittelbar vor dem Einschieben in den Ofen 50 ml Wasser auf das heiße Blech gießen. Die Fladen auf die heiße Platte im Ofen geben und einige Minuten backen, bis die Oberfläche der Naans schön golden und aufgebläht ist.

5. Nach dem Herausholen aus dem Ofen die Naans mithilfe eines Pinsels mit geschmolzener Butter bestreichen.

VARIANTEN

Für Körner-Naans eine Handvoll Körner beim Kneten hinzugeben (Sesam, Mohn, Leinsamen ...). Für Käse-Naans eine Portion Schmelzkäse auf den Teig geben und diesen dann darüberschlagen.

BROTE DER WELT

BROTE DER WELT

PITA

Für 7 Pitas

VORBEREITUNG
20 MIN

RUHEZEIT
1:10 H

BACKZEIT
5 BIS 10 MIN

475 g herkömmliches Weizenmehl Type 550

220 ml Wasser (16 °C)

75 g flüssiger Sauerteig (siehe S. 18)

45 g Olivenöl

25 g frische Backhefe

10 g feiner Kristallzucker

4 g Salz

1 Sämtliche Zutaten in eine Schüssel geben und von Hand vermengen, bis ein homogener Teig entsteht. Den Teig auf die mit Mehl bestäubte Arbeitsfläche geben und etwa 5 Minuten kneten, bis er glatt wird. Zurück in die Schüssel geben, mit einem feuchten Tuch bedecken und 1 h bei Zimmertemperatur angären lassen.

2 Den Ofen auf 240 °C vorheizen. Vorher ein mit Backpapier ausgelegtes Backblech einschieben. Den Teig auf der mit Mehl bestäubten Arbeitsfläche in 7 gleich große Teiglinge (je etwa 120 g) teilen. Diese mit einem Nudelholz auf etwa 1 cm Dicke ausrollen. 10 Minuten bei Zimmertemperatur ruhen lassen, dann auf das heiße Blech geben. Für 5–10 Minuten in den Ofen schieben.

3 Die Pitas blähen sich beim Backen auf und fallen beim Herausholen aus dem Ofen wieder in sich zusammen.

BROTE DER WELT

BAGEL

Für 9 Bagels

VORBEREITUNG 25 MIN

RUHEZEIT 1:45 H

BACKZEIT 15 MIN + 3 MIN PRO BAGEL

500 g herkömmliches Weizenmehl Type 550 + für die Verarbeitung

200 ml Wasser (20 °C)

100 g flüssiger Sauerteig (siehe S. 18)

5 g frische Backhefe

10 g Salz

20 g feiner Kristallzucker

1 Ei + 1 weiteres zum Bestreichen

25 g weiche Butter

Mohn und Sesam (für die Verarbeitung)

1 Mehl, Wasser, Sauerteig, Hefe, Salz, Zucker und Ei in die Schüssel einer Küchenmaschine mit Knethaken geben. 4 Minuten bei niedriger Stufe vermengen, dann 6 Minuten bei hoher Stufe. Etwa 3 Minuten vor dem Ende des Knetvorgangs die Butter unterheben. Eine Kugel formen, diese mit einem feuchten Tuch bedecken und 1 h bei Zimmertemperatur angären lassen. Der Teig sollte an Volumen zunehmen.

2 Den Teig auf der mit Mehl bestäubten Arbeitsfläche plattdrücken und etwas ausrollen. In 9 gleich große Teiglinge (je etwa 100 g) teilen. Mit einem Tuch bedecken und 15 Minuten bei Zimmertemperatur ruhen lassen.

3 Die Teiglinge zwischen den Händen drehen, um schön runde Kugeln zu formen . Die Oberseite mit Mehl bestäuben, dann mit dem Finger in der Mitte durchbohren ❷. Die Öffnung nach und nach erweitern . Die Teiglinge mit einem Tuch bedecken und 30 Minuten bei Zimmertemperatur gehen lassen.

4 Wasser in einem großen Topf erhitzen. Sobald es anfängt zu sieden, mit einem Schaumlöffel die Teiglinge nacheinander hineingeben . 1 Minute 30 kochen lassen, dann wenden und weitere 1 Minute 30 kochen lassen. Die Teiglinge blähen sich dabei auf. Über der Spüle auf einem Gitter abtropfen lassen.

5 Zwei große Teller bereitstellen, den einen mit Mohn, den anderen mit Sesam. Die Bagels mit einem Pinsel mit verquirltem Ei bestreichen, dann die Hälfte von ihnen in Mohn, die andere Hälfte in Sesam wenden. Auf ein mit Backpapier ausgelegtes Backblech geben.

6 Den Ofen auf 200 °C vorheizen. Vorher ein zweites Blech auf der untersten Schiene einschieben. Unmittelbar vor dem Einschieben in den Ofen 50 ml Wasser auf das heiße Blech gießen. Die Bagels für 15 Minuten backen.

7 Nach dem Herausholen aus dem Ofen die Bagels auf einem Gitter abkühlen lassen.

1

2

3

4

BROTE DER WELT

WRAP

Für 8 Wraps

400 g Weizenmehl Type 550

1 TL Salz

90 g Olivenöl

150 ml Wasser (16 °C)

1 Mehl und Salz in die Schüssel einer Küchenmaschine mit Knethaken geben. Bei niedriger Stufe kneten, bis der Teig glatt ist und sich von der Schüsselwand löst. Olivenöl hinzugeben und erneut kneten. Nach und nach das Wasser hinzugeben und bei niedriger Stufe kneten, bis eine Teigkugel entsteht, die sich von der Schüsselwand löst. 8 kleine, gleich große Kugeln formen. Mit einem feuchten Tuch bedecken und etwa 30 Minuten bei Zimmertemperatur angären lassen.

2 Auf der mit Mehl bestäubten Arbeitsfläche die Kugeln mit einem Nudelholz in sehr feine Fladen ausrollen. Eine Pfanne auf hoher Flamme erhitzen, darin die Fladen auf jeder Seite 30 Sekunden backen. (In der Regel reichen nach dem zweiten Fladen 20 Sekunden pro Seite.)

3 Abkühlen lassen. Beim Servieren die Wraps mit einer Garnitur Ihrer Wahl füllen, rollen und die Enden schräg abschneiden.

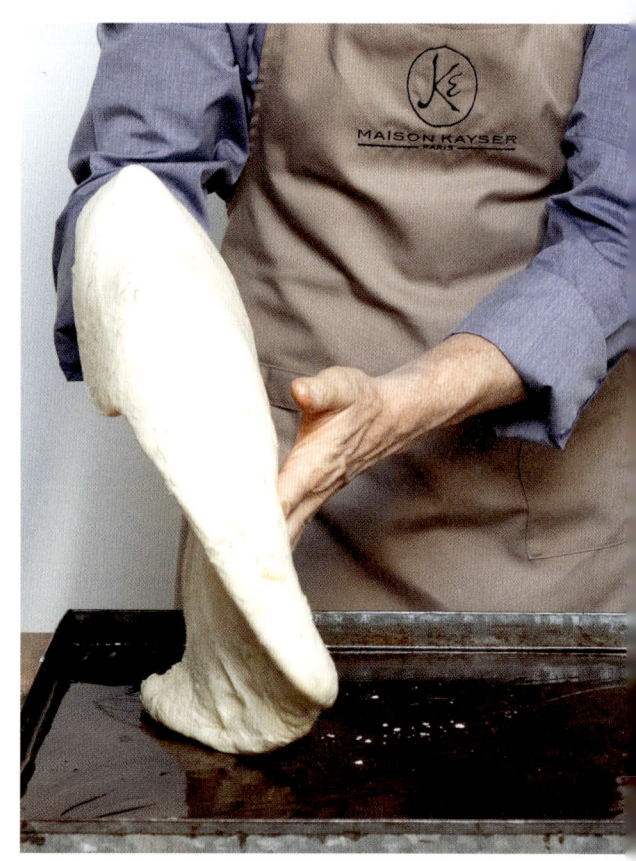

BROTE DER WELT

ROSMARIN-FOCACCIA

Für 1 große Focaccia

VORBEREITUNG
25 MIN

RUHEZEIT
15:30 H

BACKZEIT
15 BIS 20 MIN

4–5 Zweige frischer Rosmarin

30 g Olivenöl + zum Beträufeln des Teigs

500 g herkömmliches Weizenmehl Type 550

330 ml Wasser (20 °C)

100 g flüssiger Sauerteig (siehe S. 18)

7 g frische Backhefe

10 g Speisesalz

1 Prise grobes Salz

1 Am Vortag: Die Rosmarinnadeln von ihren Zweigen lösen und in einer Schale mit Olivenöl vermengen. Über Nacht bei Zimmertemperatur einweichen lassen.

2 Am nächsten Tag: Mehl, Wasser, Sauerteig, Hefe und Speisesalz in die Schüssel einer Küchenmaschine mit Knethaken geben. 5 Minuten bei niedriger Stufe vermengen, dann 10 Minuten bei hoher Stufe. Etwa 3 Minuten vor Ende des Knetvorgangs das Rosmarinöl hinzugeben. Eine Kugel formen. Mit einem feuchten Tuch bedecken und 2 h bei Zimmertemperatur angären lassen. Nach 1 h einmal dehnen und falten (s. S. 24). Der Teig sollte aufgehen.

3 Den Teig auf ein mit Backpapier ausgelegtes Backblech geben und mit den Fingern so ausbreiten, dass er die gesamte Fläche einnimmt. Mit einem feuchten Tuch bedecken und 1:30 h bei Zimmertemperatur gehen lassen.

4 Den Ofen auf 230 °C vorheizen. Vorher ein zweites Blech auf der untersten Schiene einschieben. Mit den Fingern überall auf der Teigoberfläche Vertiefungen anbringen, ein wenig Öl darübergießen und mit grobem Salz bestreuen. Unmittelbar vor dem Einschieben in den Ofen 50 ml Wasser auf das heiße Blech gießen. Die Focaccia für 15 bis 20 Minuten backen.

5 Nach dem Herausholen aus dem Ofen die Focaccia auf einem Gitter abkühlen lassen.

CIABATTA MIT GETROCKNETEN TOMATEN UND BASILIKUM

Für 3 Ciabattas

VORBEREITUNG
25 MIN

RUHEZEIT
5 H

BACKZEIT
15 MIN

60 g Basilikum

250 g feinstes Weizenmehl (Type 00)

250 g herkömmliches Weizenmehl Type 550

325 ml Wasser (16 °C)

100 g flüssiger Sauerteig (siehe S. 18)

9 g Salz

3 g frische Backhefe

30 g Olivenöl + zum Bestreichen

100 g getrocknete Tomaten in kleinen Stücken

1 Sämtliche Zutaten (bis auf das Olivenöl und die getrockneten Tomaten) in die Schüssel einer Küchenmaschine mit Knethaken geben. 4 Minuten bei niedriger Stufe kneten, dann 12 Minuten bei hoher Stufe. Etwa 4 Minuten vor dem Ende des Knetvorgangs nach und nach das Olivenöl hinzugeben. Die getrockneten Tomaten unterheben und 2 Minuten bei niedriger Stufe vermengen. Die Schüssel mit einem Tuch bedecken und den Teig 3 h bei Zimmertemperatur angären lassen. Nach 1:30 h einmal dehnen und falten (s. S. 24).

2 Den Teig auf der mit Mehl bestäubten Arbeitsfläche in 3 gleich große Teiglinge (je etwa 375 g) teilen. Die Teiglinge zu rechteckigen Laiben aufarbeiten (siehe S. 29). Auf ein mit Backpapier ausgelegtes Backblech geben. Mit einem Tuch bedecken und 2 h bei Zimmertemperatur gehen lassen.

3 Den Ofen auf 250 °C vorheizen. Vorher ein zweites Blech auf der untersten Schiene einschieben. Unmittelbar vor dem Einschieben in den Ofen 50 ml Wasser auf das heiße Blech gießen. Die Ciabatta für 15 Minuten backen.

4 Nach dem Herausholen aus dem Ofen die Brote mithilfe eines Pinsels mit Olivenöl bestreichen und auf einem Gitter abkühlen lassen.

BROTE DER WELT

BROTE DER WELT

CHALLA

Für 3 Brote

VORBEREITUNG
25 MIN

RUHEZEIT
2:25 H

BACKZEIT
18 MIN

535 g herkömmliches Weizenmehl Type 550

290 ml Wasser (16 °C)

50 g feiner Kristallzucker

15 g frische Backhefe

10 g Salz

30 g Olivenöl

Sesam und Mohn (zum Bestreuen)

1 Sämtliche Zutaten (bis auf das Olivenöl und die Körner) in die Schüssel einer Küchenmaschine mit Knethaken geben. 4 Minuten bei niedriger Stufe kneten, dann 10 Minuten bei hoher Stufe. Etwa 4 Minuten vor dem Ende des Knetvorgangs das Olivenöl hinzugeben. Die Schüssel mit einem Tuch bedecken und 40 Minuten bei Zimmertemperatur ruhen lassen. Dann 30 Minuten kühl stellen.

2 Den Teig auf der mit Mehl bestäubten Arbeitsfläche in 9 gleich große Teiglinge (je etwa 100 g) teilen und in die Form von Rugbybällen aufarbeiten. Mit einem Tuch bedecken und 15 Minuten bei Zimmertemperatur ruhen lassen.

3 Die Teiglinge leicht platt drücken, dann der Länge nach doppelt falten und zu Strängen rollen. Die Faltnaht sollte gut verschlossen sein.

4 Aus jeweils 3 Strängen einen Zopf flechten, insgesamt 3 Zöpfe. Um dem Ganzen Farbe zu verleihen, diese mit Sesam und Mohn bestreuen. Auf ein mit Backpapier ausgelegtes Backblech geben. Mit einem Tuch bedecken und 1 h bei Zimmertemperatur gehen lassen.

5 Den Ofen auf 160 °C vorheizen. Vorher ein zweites Blech auf der untersten Schiene einschieben. Unmittelbar vor dem Einschieben in den Ofen 50 ml Wasser auf das heiße Blech gießen. Die Challas für 18 Minuten backen.

6 Nach dem Herausholen aus dem Ofen die Brote auf einem Gitter abkühlen lassen.

BROTE MIT BESONDEREN ZUTATEN

KÄSEBROT

Für 6 Brote

1 kg herkömmliches Weizenmehl Type 550

650 g Wasser (16 °C) + 50 g zusätzliches Wasser (Bassinage, s. S. 34)

200 g flüssiger Sauerteig (siehe S. 18)

5 g frische Backhefe

18 g Salz

370 g gewürfelter Comté (ersatzweise Bergkäse)

1 Ei (zum Bestreichen)

100 g geriebener Emmentaler (zum Bestreuen)

1 Das Mehl und 650 ml Wasser in die Schüssel einer Küchenmaschine mit Knethaken geben. 5 Minuten bei niedriger Stufe kneten. Die Schüssel mit einem Tuch bedecken und 1 h bei Zimmertemperatur ruhen lassen.

2 Sauerteig, Hefe und Salz hinzugeben. 4 Minuten bei niedriger Stufe kneten, dann 7 Minuten bei hoher Stufe kneten. Etwa 3 Minuten vor dem Ende des Knetvorgangs das zusätzliche Wasser nach und nach hinzugeben. Maschine anhalten und den Comté hinzugeben, dann 2 Minuten bei Stufe 1 kneten. Die Schüssel mit einem Tuch bedecken und den Teig 1:30 h bei Zimmertemperatur angären lassen.

3 Den Teig auf der mit Mehl bestäubten Arbeitsfläche in 6 gleich große Teiglinge (je etwa 410 g) teilen. Die Teiglinge zu länglichen, nicht allzu schmalen Bâtards aufarbeiten (siehe S. 27). Diese auf ein mit Backpapier ausgelegtes Backblech geben. Mit einem Pinsel mit verquirltem Ei bestreichen und den geriebenen Emmentaler darüber streuen. Mit einem Tuch bedecken und 2 h bei Zimmertemperatur gehen lassen.

4 Den Ofen auf 230 °C vorheizen. Vorher ein zweites Blech auf der untersten Schiene einschieben. Unmittelbar vor dem Einschieben in den Ofen 50 ml Wasser auf das heiße Blech gießen. Die Brote mit dem Blech für 20 Minuten in den Ofen schieben.

5 Nach dem Herausholen aus dem Ofen die Brote auf einem Gitter abkühlen lassen.

BROTE MIT BESONDEREN ZUTATEN

BROTE MIT BESONDEREN ZUTATEN

OLIVENBROT

Für 3 Brote

VORBEREITUNG
25 MIN

RUHEZEIT
4:50 H

BACKZEIT
25 BIS 30 MIN

500 g herkömmliches Weizenmehl Type 550

350 ml Wasser (16 °C)

100 g flüssiger Sauerteig (siehe S. 18)

10 g Salz

3 g frische Backhefe

35 g Olivenöl

150 g schwarze und grüne Oliven

1 Sämtliche Zutaten (bis auf das Olivenöl und die Oliven) in die Schüssel einer Küchenmaschine mit Knethaken geben. 5 Minuten bei niedriger Stufe kneten, dann 10 Minuten bei hoher Stufe, bis der Teig glatt ist und sich von der Schüsselwand löst. Nach und nach das Olivenöl, danach die Oliven hinzugeben und 2 Minuten bei niedriger Stufe kneten. Die Schüssel mit einem Tuch bedecken und 2 h 30 bei Zimmertemperatur angären lassen. Nach 1 h einen Dehn- und Faltvorgang durchführen.

2 Den Teig auf der mit Mehl bestäubten Arbeitsfläche in 3 gleich große Teiglinge (je etwa 380 g) teilen und leicht zu einer Rugbyballform aufarbeiten. Mit einem Tuch bedecken und 20 Minuten bei Zimmertemperatur ruhen lassen.

3 Die Teiglinge leicht ausbreiten, ohne sie zu entgasen 1. In der Mitte mit einem Messer oder Teigschneider dreifach einkerben 2. Die Teiglinge miteinander verdrehen 3 4. Auf ein mit Backpapier ausgelegtes Backblech geben. Mit einem Tuch bedecken und 2 h bei Zimmertemperatur gehen lassen.

4 Den Ofen auf 220 °C vorheizen. Vorher ein zweites Blech auf der untersten Schiene einschieben. Die Brote mit einem Pinsel befeuchten. Unmittelbar vor dem Einschieben in den Ofen 50 ml Wasser auf das heiße Blech gießen. Die Brote 25 bis 30 Minuten backen.

5 Nach dem Herausholen aus dem Ofen die Brote auf einem Gitter abkühlen lassen.

BROTE MIT BESONDEREN ZUTATEN

1

2

3

4

BROTE MIT BESONDEREN ZUTATEN

WALNUSS-HASELNUSS-KURKUMA-BROT

Für 4 Brote

VORBEREITUNG
25 MIN

RUHEZEIT
14:30 H

BACKZEIT
35 MIN

75 g Haselnüsse

10 g Kurkumapulver

500 g herkömmliches Weizenmehl Type 550

275 ml Wasser (16 °C)

75 g Butter

75 g flüssiger Sauerteig (siehe S. 18)

35 g feiner Kristallzucker

25 g Milchpulver

5 g frische Backhefe

9 g Salz

75 g Walnüsse

1 Am Vortag: Den Ofen auf 180 °C vorheizen. Die Haselnüsse auf ein Backblech geben und für 15 Minuten im Ofen rösten. Abkühlen lassen.

2 Am nächsten Tag: Sämtliche Zutaten (bis auf die Nüsse) in die Schüssel einer Küchenmaschine mit Knethaken geben. 5 Minuten bei niedriger Stufe kneten, dann 10 Minuten bei hoher Stufe. Sobald der Teig schön glatt ist und sich von der Schüsselwand löst, die Nüsse hinzugeben und 2 Minuten bei niedriger Stufe unterrühren. Die Schüssel mit einem Tuch bedecken und den Teig 45 Minuten bei Zimmertemperatur angären lassen.

3 Den Teig auf der mit Mehl bestäubten Arbeitsfläche in 4 gleich große Teiglinge (je etwa 290 g) teilen und leicht zu Kugeln formen. Mit einem Tuch bedecken und 15 Minuten bei Zimmertemperatur ruhen lassen.

4 Die Teiglinge zu kleinen Bâtards aufarbeiten (siehe S. 27). Auf ein mit Backpapier ausgelegtes Backblech geben, dann im Fischgrätmuster einritzen (siehe S. 32). Mit einem Tuch bedecken und 1:30 h bei Zimmertemperatur gehen lassen.

5 Den Ofen auf 220 °C vorheizen. Vorher ein zweites Blech auf der untersten Schiene einschieben. Unmittelbar vor dem Einschieben in den Ofen 50 ml Wasser auf das heiße Blech gießen. Die Brote für 20 Minuten im Ofen backen.

6 Nach dem Herausholen aus dem Ofen die Brote auf einem Gitter abkühlen lassen.

BROTE MIT BESONDEREN ZUTATEN

BROTE MIT BESONDEREN ZUTATEN

FEIGEN-HASELNUSS-FENCHEL-BROT

Für 3 Brote

VORBEREITUNG
20 MIN

RUHEZEIT
17:15 H

BACKZEIT
40 MIN

50 g Haselnüsse

500 g herkömmliches Weizenmehl Type 550

325 ml Wasser (16 °C) + 25 g zusätzliches Wasser (Bassinage, s. S. 34)

100 g flüssiger Sauerteig (siehe S. 18)

3 g frische Backhefe

9 g Salz

2 g Fenchelsamen

2 g Rosmarin

125 g Feigen

1 Am Vortag: Den Ofen auf 180 °C vorheizen. Die Haselnüsse auf ein Backblech geben und für 15 Minuten im Ofen rösten. Abkühlen lassen.

2 Am nächsten Tag: Das Mehl und 325 ml Wasser in die Schüssel einer Küchenmaschine mit Knethaken geben. 5 Minuten bei niedriger Stufe kneten. Die Schüssel mit einem Tuch bedecken und den Teig 1 h bei Zimmertemperatur ruhen lassen.

3 Sauerteig, Hefe, Salz, Fenchel und Rosmarin hinzugeben. 4 Minuten bei niedriger Stufe kneten, dann 7 Minuten bei mittlerer Stufe. Etwa 3 Minuten vor dem Ende des Knetvorgangs nach und nach das zusätzliche Wasser hinzugeben. Haselnüsse und Feigen hinzugeben und 1 Minute bei niedriger Stufe unterrühren. Die Schüssel mit einem Tuch bedecken und den Teig 2 h bei Zimmertemperatur angären lassen.

4 Den Teig auf der mit Mehl bestäubten Arbeitsfläche in 3 gleich große Teiglinge (je etwa 370 g) teilen und leicht zu Kugeln formen. Mit einem Tuch bedecken und 15 Minuten bei Zimmertemperatur ruhen lassen.

5 Die Teiglinge zu Bâtards aufarbeiten (s. S. 27). Auf ein mit Backpapier ausgelegtes Backblech geben. Mit einem Tuch bedecken und 2 h bei Zimmertemperatur gehen lassen.

6 Den Ofen auf 250 °C vorheizen. Vorher ein zweites Blech auf der untersten Schiene einschieben. Die Brote mit der Baguette-Einritzung versehen (siehe S. 30). Unmittelbar vor dem Einschieben in den Ofen 50 ml Wasser auf das heiße Blech gießen. Die Brote erst 15 Minuten anbacken, dann die Temperatur auf 220 °C senken und weitere 10 Minuten ausbacken.

7 Nach dem Herausholen aus dem Ofen die Brote auf einem Gitter abkühlen lassen.

BROTE MIT BESONDEREN ZUTATEN

BLUMENBROT

Für 2 Brote

VORBEREITUNG
20 MIN

RUHEZEIT
16:15 H

BACKZEIT
30 MIN

200 g essbare Blumen (50+150)

100 g flüssiger Sauerteig (siehe S. 18)

400 g herkömmliches Weizenmehl Type 550

100 g Roggenmehl Type 1150/1370

325 ml Wasser (20 °C)

9 g Salz

3 g frische Backhefe

1 Am Vortag: 50 g Blumen mit dem flüssigen Sauerteig in einer Schüssel vermengen, dann über Nacht kühl lagern, damit der Sauerteig einen blumigen Geschmack annimmt.

2 Am nächsten Tag: Sämtliche Zutaten (bis auf die restlichen Blumen) in die Schüssel einer Küchenmaschine mit Knethaken geben. 4 Minuten bei niedriger Stufe vermengen, dann 6 Minuten bei hoher Stufe. Der Teig sollte glatt sein und sich von der Schüsselwand lösen. Die Blumen hinzugeben und 1 Minute bei niedriger Stufe rühren, um sie dem Teig unterzuheben, ohne sie zu beschädigen. Die Schüssel mit einem Tuch bedecken und den Teig 2 h bei Zimmertemperatur angären lassen. Nach 1 h einmal dehnen und falten (s. S. 24).

3 Den Teig auf der mit Mehl bestäubten Arbeitsfläche in 2 gleich große Teiglinge (je etwa 560 g) teilen und leicht zu Kugeln formen. Mit einem Tuch bedecken und 15 Minuten bei Zimmertemperatur ruhen lassen.

4 Die Teiglinge zu Kugeln aufarbeiten (s. S. 26), ohne dabei die Faltkante zu fest zu schließen. Mit der Faltkante nach unten auf ein mit Mehl bestäubtes Küchentuch geben. Mit einem Tuch bedecken und 2 h bei Zimmertemperatur gehen lassen.

5 Den Ofen auf 250 °C vorheizen. Vorher ein zweites Blech auf der untersten Schiene einschieben. Die Brote mit der Faltkante nach oben auf ein mit Backpapier ausgelegtes Backblech geben. Unmittelbar vor dem Einschieben in den Ofen 50 ml Wasser auf das heiße Blech gießen. Die Brote 20 Minuten anbacken, dann die Temperatur auf 200 °C senken und weitere 10 Minuten ausbacken.

6 Nach dem Herausholen aus dem Ofen die Brote auf einem Gitter abkühlen lassen.

BROT MIT GRÜNEM TEE UND KANDIERTEN ORANGEN

Für 6 Brote

VORBEREITUNG 20 MIN · RUHEZEIT 5:30 H · BACKZEIT 17 MIN

500 g herkömmliches Weizenmehl Type 550

500 g feinstes Weizenmehl

600 ml Wasser (16 °C)

10 g grüner Tee

200 g flüssiger Sauerteig (siehe S. 18)

30 g feiner Kristallzucker

18 g Salz

5 g frische Backhefe

60 g Olivenöl + zum Bestreichen

200 g kandierte Orangen

1 Ei (zum Bestreichen)

1 Sämtliche Zutaten (bis auf die kandierten Orangen und das Olivenöl) in die Schüssel einer Küchenmaschine mit Knethaken geben. 5 Minuten bei niedriger Stufe kneten, dann 10 Minuten bei hoher Stufe. Das Olivenöl hinzugeben, dann 1 Minute die kandierten Orangen bei Stufe 1 unterheben. Die Schüssel mit einem Tuch bedecken und den Teig 3 h bei Zimmertemperatur angären lassen. Nach 1 h einmal dehnen und falten (s. S. 24).

2 Den Teig auf der mit Mehl bestäubten Arbeitsfläche in 6 gleich große Teiglinge (je etwa 350 g) teilen und leicht zu Kugeln formen. Mit einem Tuch bedecken und 30 Minuten bei Zimmertemperatur ruhen lassen.

3 Die Teiglinge zu Kugeln aufarbeiten (s. S. 26). Auf ein mit Backpapier ausgelegtes Backblech geben, mit einem Pinsel mit verquirltem Ei bestreichen und im Rautenmuster einschneiden (siehe S. 33). Mit einem Tuch bedecken und 2 h bei Zimmertemperatur gehen lassen.

4 Den Ofen auf 240 °C vorheizen. Vorher ein zweites Blech auf der untersten Schiene einschieben. Unmittelbar vor dem Einschieben in den Ofen 50 ml Wasser auf das heiße Blech gießen. Die Brote 17 Minuten backen.

5 Nach dem Herausholen aus dem Ofen die Brote mit dem Pinsel mit ein wenig Olivenöl bestreichen, dann auf einem Gitter abkühlen lassen.

BROTE MIT BESONDEREN ZUTATEN

BROTE MIT BESONDEREN ZUTATEN

DATTEL-CURRY-BROT

Für 7 Brote

VORBEREITUNG
20 MIN

RUHEZEIT
4 H

BACKZEIT
20 MIN

20 g Currypulver

500 g herkömmliches Weizenmehl Type 550

500 g feinstes Weizenmehl

650 ml Wasser (16 °C)

150 g flüssiger Sauerteig (siehe S. 18)

100 g Honig

5 g frische Backhefe

18 g Salz

500 g Datteln in Stücken

80 g Kokosöl

1 Sämtliche Zutaten (bis auf die Datteln und das Kokosöl) in die Schüssel einer Küchenmaschine mit Knethaken geben. 4 Minuten bei niedriger Stufe kneten, dann 8 Minuten bei hoher Stufe. Das Kokosöl hinzugeben und bei niedriger Stufe kneten. Datteln hinzufügen und 2 Minuten bei niedriger Stufe unterrühren. Die Schüssel mit einem Tuch bedecken und den Teig 2 h bei Zimmertemperatur angären lassen.

2 Den Teig auf der mit Mehl bestäubten Arbeitsfläche in 7 gleich große Teiglinge (je etwa 350 g) teilen und leicht zu Kugeln formen. Mit der Faltkante nach oben auf ein mit Backpapier ausgelegtes Backblech geben. Mit einem Tuch bedecken und 2 h bei Zimmertemperatur gehen lassen.

3 Den Ofen auf 220 °C vorheizen. Vorher ein zweites Blech auf der untersten Schiene einschieben. Unmittelbar vor dem Einschieben in den Ofen 50 ml Wasser auf das heiße Blech gießen. Die Brote 20 Minuten backen.

4 Unmittelbar nach dem Herausholen aus dem Ofen die Brote mit dem Pinsel mit ein wenig Kokosöl bestreichen, dann auf einem Gitter abkühlen lassen.

— SÜSSE BROTE —

MILCHBRÖTCHEN

 *Für 7 Brötchen*

 VORBEREITUNG **20 MIN**

 RUHEZEIT **3:15 H**

 BACKZEIT **13 BIS 15 MIN**

500 g herkömmliches Weizenmehl Type 550

230 ml Vollmilch

20 g frische Backhefe

35 g feiner Kristallzucker

10 g Salz

80 g weiche Butterwürfel

1 Ei (zum Bestreichen)

Hagelzucker (zum Garnieren)

1 Mehl, Milch, Hefe, Zucker und Salz in die Schüssel einer Küchenmaschine mit Knethaken geben. 4 Minuten bei niedriger Stufe vermengen, dann 8 Minuten bei hoher Stufe. Sobald der Teig zur Kugel wird und sich von der Schüsselwand löst, zur Kugel zusammendrücken und Butter hinzugeben. So lange kneten, bis der Teig geschmeidig und glatt ist und sich erneut von der Schüsselwand löst. Eine Kugel formen. Die Schüssel mit einem feuchten Tuch bedecken und den Teig 1 h bei Zimmertemperatur angären lassen. Der Teig sollte an Volumen zunehmen.

2 Den Teig auf der mit Mehl bestäubten Arbeitsfläche in 7 gleich große Teiglinge (je etwa 130 g) teilen. Mit einem Tuch bedecken und 15 Minuten bei Zimmertemperatur ruhen lassen.

3 Die Teiglinge zu Bâtards von etwa 15 cm Länge aufarbeiten (siehe S. 27). Mit der Faltkante nach unten auf ein mit Backpapier ausgelegtes Backblech geben. Mit dem Pinsel mit verquirltem Ei bestreichen. Mit einem Tuch bedecken und 2 h bei Zimmertemperatur gehen lassen.

4 Den Ofen auf 200 °C vorheizen. Die Teiglinge erneut mit Ei bestreichen. Mit einer in Ei getunkten Schere einkerben: Die Schere über die Oberfläche gleiten lassen und den Teig im Abstand von einem Zentimeter anschneiden. Die Teiglinge mit Hagelzucker bestreuen. Für 13–15 Minuten in den Ofen schieben.

5 Nach dem Herausholen aus dem Ofen die Brötchen auf einem Gitter abkühlen lassen.

SÜSSE BROTE

BRIOCHE MIT WEISSER SCHOKOLADE

Für 4 Brioches

VORBEREITUNG
20 MIN

RUHEZEIT
3 H

BACKZEIT
17 MIN

500 g herkömmliches Weizenmehl Type 550

225 ml Wasser (16 °C)

75 g flüssiger Sauerteig (siehe S. 18)

35 g feiner Kristallzucker

25 g Milchpulver

10 g Salz

5 g frische Backhefe

75 g weiche Butter

150 g weiße Schokokügelchen

1 Ei (zum Bestreichen)

1 Sämtliche Zutaten (bis auf die Butter und die weißen Schokokügelchen) in die Schüssel einer Küchenmaschine mit Knethaken geben. 5 Minuten bei niedriger Stufe kneten, dann 8 Minuten bei hoher Stufe. Sobald der Teig glatt ist und sich von der Schüsselwand löst, die Butter bei niedriger Stufe unterheben. Schokokügelchen hinzugeben und 2 Minuten bei Stufe 1 verrühren. Die Schüssel mit einem Tuch bedecken und den Teig 30 Minuten bei Zimmertemperatur angären lassen.

2 Den Teig auf der mit Mehl bestäubten Arbeitsfläche in 4 gleich große Teiglinge (je etwa 275 g) teilen. Leicht zu Kugeln formen. Mit einem Tuch bedecken und 30 Minuten bei Zimmertemperatur ruhen lassen.

3 Die Teiglinge zu Bâtards aufarbeiten (siehe S. 27). Auf ein mit Backpapier ausgelegtes Backblech geben. Mit dem Pinsel mit verquirltem Ei bestreichen und anschließend im Baguette-Muster einschneiden (siehe S. 30). Mit einem Tuch bedecken und 2 h bei Zimmertemperatur gehen lassen.

4 Den Ofen auf 165 °C vorheizen. Die Brioches 17 Minuten backen.

5 Nach dem Herausholen aus dem Ofen die Brioches auf einem Gitter abkühlen lassen.

SÜSSE BROTE

SÜSSE BROTE

SCHOKO-BANANEN-BRIOCHE

Für 2 Brote

VORBEREITUNG
20 MIN

RUHEZEIT
4:45 BIS 4:50 H

BACKZEIT
40 MIN

Für den Brioche-Teig:

500 g Weizenmehl Type 550

8 g Salz

15 g frische Backhefe

80 g feiner Kristallzucker

3 Eier + 1 zum Bestreichen

125 ml Vollmilch

125 g weiche Butterwürfel

Für die Garnitur:

175 g Zartbitterschokolade

2 Bananen in Stücken

125 g Butter

17 g ungezuckertes Kakaopulver

80 g Puderzucker

Für den Sirup:

50 g feiner Kristallzucker

50 ml Wasser

Material:

Kastenformen 25 x 11 cm

1 Am Vortag: Für den Briocheteig in die Schüssel einer Küchenmaschine mit Knethaken auf die eine Seite Mehl und Salz geben, auf die andere Seite die zerbröckelte Hefe, dann den Zucker. Bei niedriger Stufe verrühren, Eier hinzugeben, dann die Milch. So lange kneten, bis der Teig glatt ist und sich von der Schüsselwand löst. Butter bei niedriger Stufe komplett unterrühren. Den Teig zur Kugel formen, dann in einer Schüssel Frischhaltefolie um die Kugel legen. Über Nacht kühl stellen.

2 Am nächsten Tag: Für die Garnitur Butter und Schokolade im Wasserbad zum Schmelzen bringen. Kakaopulver und Puderzucker hinzugeben und so lange verrühren, bis eine homogene Masse entsteht. An einem kühlen Platz abkühlen und fest werden lassen.

3 Den Teig auf der mit Mehl bestäubten Arbeitsfläche in 4 gleich große Teiglinge (je etwa 230 g) teilen. Diese mit einem Nudelholz in Rechtecke ausrollen, die so lang sind wie die Kastenform und dreimal so breit. Die Garnitur und die Bananenstücke auf der Oberfläche verteilen **1**, dann den Teig längs zu einer straffen Rolle aufrollen **2**. Alle 2 cm die Rolle 2/3 tief einschneiden **3**. Die Stücke abwechselnd herausziehen, als ob man eine Ähre formen wollte **4**. Die Teiglinge in die gebutterten und bemehlten Formen geben, mit einem feuchten Tuch bedecken und 1:30 h bei Zimmertemperatur gehen lassen. Der Teig sollte sein Volumen verdoppeln.

4 Den Ofen auf 180 °C vorheizen. Mit einem Pinsel die Brioches mit verquirltem Ei bestreichen. 20 bis 25 Minuten backen. Sollten sie zu rasch Farbe annehmen, gegen Ende des Backvorgangs mit Backpapier bedecken.

5 Indessen den Sirup zubereiten. Wasser und Zucker in einem Topf zum Kochen bringen, dann vom Feuer nehmen.

6 Beim Herausholen aus dem Ofen die Brioches mit Sirup bestreichen, dann auf einem Gitter abkühlen lassen.

SÜSSE BROTE

1

2

3

4

SÜSSE BROTE

SÜSSE BROTE

GÂCHE DE VENDÉE

Für 3 Brioches

VORBEREITUNG: 50 MIN

RUHEZEIT: 18:30 BIS 19 H

BACKZEIT: 25 MIN

600 g Weizenmehl Type 405 (100+500)

11 g Speisesalz (2+9)

22 g frische Backhefe (2+20)

85 ml Wasser (20 °C)

90 ml Vollmilch

5 Eier

90 g feiner Kristallzucker

10 g brauner Rum

6 g Orangenaroma

6 g flüssiger Vanille-Extrakt

140 g weiche Butter

Für die Verarbeitung:

1 Ei (zum Bestreichen)

1 EL Milch

Ein wenig Speisesalz

Material:

Kastenformen 25 x 11 cm

1 Am Vortag: 100 g Mehl und 2 g Salz mit dem Schneebesen mischen. 2 g Hefe mit dem Wasser anrühren. Die Mischung zum Mehl geben und mit dem Teigschaber vermengen. Auf der mit Mehl bestäubten Arbeitsfläche eine nicht haftende Teigkugel formen. Diese in eine luftdichte Dose mit leicht gefettetem Deckel geben und mindestens 15 h kühl aufbewahren.

2 Am nächsten Tag: Milch, Eier, Zucker, Rum, Orangenaroma und Vanille in die Schüssel einer Küchenmaschine mit Knethaken geben. Vermengen, dann die restliche zerbröckelte Hefe und das restliche Mehl hinzugeben und alles bei niedriger Stufe zu einem homogenen Teig verkneten, dabei das restliche Salz hinzugeben. Den Teig vom Vortag unterheben und 15 Minuten bei mittlerer Stufe so lange verkneten, bis sich der Teig von der Schüsselwand löst. Nach und nach die Butter hinzugeben und 15 Minuten bei hoher Stufe kneten, bis der Teig glatt und glänzend ist. In eine leicht mit Mehl bestäubte Schüssel geben, Frischhaltefolie direkt über den Teig legen und 30 Minuten bei Zimmertemperatur gehen lassen. Der Teig sollte leicht aufgehen. 2 h bis zu einer Nacht lang kühl stellen.

3 Den Ofen auf 30 °C vorheizen. Den Teig auf der mit Mehl bestäubten Arbeitsfläche in 9 gleich große Teiglinge (je etwa 145 g) teilen. So rollen, dass gleichmäßige Stränge von 25 bis 30 cm Länge entstehen . 3 Stränge an einem Ende zusammendrücken und flechten . Das andere Ende ebenfalls zusammendrücken und nach unten umschlagen . Mit den restlichen 6 Teiglingen genauso verfahren. Auf ein mit Backpapier ausgelegtes Backblech geben und mit einem Pinsel mit verquirltem Ei bestreichen. Im ausgeschalteten Ofen 1 h bis 1:30 h ruhen lassen.

4 Den leeren Ofen auf 150 °C vorheizen. Die Brioches erneut mit dem Ei bestreichen, dann für etwa 25 Minuten backen, dabei die Bräunung kontrollieren.

5 Nach dem Herausholen aus dem Ofen die Brioches auf einem Gitter abkühlen lassen.

SÜSSE BROTE

1

2

3

4

ROSINEN-PEKANUSS-EKMEK

Für 3 Brote

VORBEREITUNG
20 MIN

RUHEZEIT
4:30 H

BACKZEIT
20 MIN

5 g Zimtpulver

500 g herkömmliches Weizenmehl Type 550

275 ml Wasser (16 °C)

75 g Honig

50 g flüssiger Sauerteig (siehe S. 18)

9 g Salz

6 g frische Backhefe

25 g Olivenöl + zum Bestreichen

90 g Pekannüsse

90 g Rosinen

1 Sämtliche Zutaten (bis auf das Olivenöl, die Nüsse und die Rosinen) in die Schüssel einer Küchenmaschine mit Knethaken geben. 5 Minuten bei niedriger Stufe kneten, dann 8 Minuten bei hoher Stufe. Der Teig sollte glatt sein und sich von der Schüsselwand lösen. Das Olivenöl bei niedriger Knetstufe hinzugeben. Nüsse und Rosinen hinzugeben, dann 2 Minuten bei niedriger Stufe verrühren. Die Schüssel mit einem Tuch bedecken und den Teig etwa 2 h bei Zimmertemperatur angären lassen.

2 Den Teig auf der leicht mit Mehl bestäubten Arbeitsfläche in 3 gleich große Teiglinge (je etwa 370 g) teilen. Leicht zu Kugeln formen. Mit einem Tuch bedecken und 30 Minuten bei Zimmertemperatur ruhen lassen.

3 Die Teiglinge zu Kugeln aufarbeiten (siehe S. 26). Mit der Faltkante nach unten auf ein mit Backpapier ausgelegtes Backblech geben. Mit einem Tuch bedecken und 2 h bei Zimmertemperatur gehen lassen.

4 Den Ofen auf 220 °C vorheizen. Vorher ein zweites Blech auf der untersten Schiene einschieben. Die Brote im Rautenmuster einschneiden (siehe S. 33). Unmittelbar vor dem Einschieben in den Ofen 50 ml Wasser auf das heiße Blech gießen. Die Ekmek 20 Minuten backen.

5 Unmittelbar nach dem Herausholen aus dem Ofen die Ekmek mit einem Pinsel mit Olivenöl bestreichen, dann auf einem Gitter abkühlen lassen.

SÜSSE BROTE

SCHOKO-KOKOS-EKMEK

Für 3 Brote

VORBEREITUNG
20 MIN

RUHEZEIT
4:50 H

BACKZEIT
18 MIN

425 g Weizenmehl Type 405

50 g Kokosmehl

325 ml Wasser (16 °C)

50 g Honig

75 g flüssiger Sauerteig (siehe S. 18)

9 g Salz

3 g frische Backhefe

30 g Olivenöl + zum Bestreichen

150 g schwarze Schokokügelchen

60 g Kokoschips

20 g Kokosraspeln (zum Bestreuen)

1 Sämtliche Zutaten (bis auf das Olivenöl, die Kokoschips und die Schokokügelchen) in die Schüssel einer Küchenmaschine mit Knethaken geben. 4 Minuten bei niedriger Stufe kneten, dann 8 Minuten bei hoher Stufe. Etwa 3 Minuten vor dem Ende des Knetvorgangs das Olivenöl hinzugeben. Der Teig sollte glatt sein und sich von der Schüsselwand lösen. Schließlich die Schokokügelchen und Kokoschips hinzugeben und 2 Minuten bei niedriger Stufe unterrühren. Die Schüssel mit einem Tuch bedecken und den Teig 2:30 h bei Zimmertemperatur angären lassen. Nach 1:15 h einmal dehnen und falten (s. S. 24)

2 Den Teig auf der leicht mit Mehl bestäubten Arbeitsfläche in 3 gleich große Teiglinge (je etwa 380 g) teilen. Leicht zu Kugeln formen. Mit einem Tuch bedecken und 20 Minuten bei Zimmertemperatur ruhen lassen.

3 Die Teiglinge zu Kugeln aufarbeiten (s. S. 26). Mit der Faltkante nach unten auf ein mit Backpapier ausgelegtes Backblech geben. Mit einem Tuch bedecken und 2 h bei Zimmertemperatur gehen lassen.

4 Den Ofen auf 220 °C vorheizen. Vorher ein zweites Blech auf der untersten Schiene einschieben. Die Brote im Rautenmuster einschneiden (s. S. 33). Unmittelbar vor dem Einschieben in den Ofen 50 ml Wasser auf das heiße Blech gießen. Die Brote 18 Minuten backen.

5 Unmittelbar nach dem Herausholen aus dem Ofen die Ekmek mit einem Pinsel mit Olivenöl bestreichen. Mit Kokosraspeln bestreuen, dann auf einem Gitter abkühlen lassen.

SÜSSE BROTE

VIENNOISE AU CHOCOLAT

Für 9 Viennoises

VORBEREITUNG
25 MIN

RUHEZEIT
2:45 H

BACKZEIT
20 MIN

500 g herkömmliches Weizenmehl Type 550

260 ml Wasser (16 °C)

75 g weiche Butterwürfel

75 g flüssiger Sauerteig (siehe S. 18)

35 g feiner Kristallzucker

25 g Milchpulver

9 g Salz

5 g frische Backhefe

150 g Schokotropfen zartbitter

1 Ei (zum Bestreichen)

Material:
Baguetteblech

1 Sämtliche Zutaten (außer den Schokotropfen) in die Schüssel einer Küchenmaschine mit Knethaken geben. 5 Minuten bei niedriger Stufe kneten, dann 10 Minuten bei hoher Stufe. Der Teig sollte glatt sein, sich von der Schüsselwand lösen und dabei eine Kugel bilden. Schokotropfen unterheben und 2 Minuten bei Stufe 1 verrühren.

2 Den Teig auf der leicht mit Mehl bestäubten Arbeitsfläche in 9 gleich große Teiglinge (je etwa 125 g) teilen. Mit einem Tuch bedecken und 30 Minuten bei Zimmertemperatur angären lassen.

3 Die Teiglinge zu Mini-Baguettes aufarbeiten (siehe S. 28). Abschlagen, um sie zu entgasen, und straffen. Auf ein leicht gefettetes Baguetteblech geben. Mit dem Pinsel mit verquirltem Ei bestreichen, dann 15 Minuten kühl stellen.

4 Die Teiglinge erneut mit verquirltem Ei bestreichen, gleich danach im Baguette-Muster einschneiden (siehe S. 30). Mit einem Tuch bedecken und 2 h bei Zimmertemperatur gehen lassen.

5 Den Ofen auf 170 °C vorheizen. Die Viennoises erst 15 Minuten backen. Dann das Blech aus dem Ofen holen, die Viennoises wenden und weitere 5 Minuten backen, um die Unterseite zu bräunen.

6 Nach dem Herausholen aus dem Ofen die Viennoises auf einem Gitter abkühlen lassen.

SÜSSE BROTE

SÜSSE BROTE

BABKA

Für 2 Babkas

VORBEREITUNG
30 MIN

RUHEZEIT
14:10 BIS 14:40 H

BACKZEIT
25 BIS 30 MIN

Für den Babka-Teig:

500 g Weizenmehl Type 405

200 ml Vollmilch

3 Eier + 1 zum Bestreichen

150 g flüssiger Sauerteig (siehe S. 18)

90 g feiner Kristallzucker

15 g frische Backhefe

9 g Salz

160 g weiche Butterwürfel

Für die Füllung:

360 g Nuss-Nougat-Creme

80 g Schokotropfen (oder geröstete Haselnüsse)

Für den Sirup:

40 ml Wasser

40 g feiner Kristallzucker

Material:

Kastenformen 25 x 11 cm

1 Am Vortag: Sämtliche Zutaten für den Teig (bis auf die Butter) in die Schüssel einer Küchenmaschine mit Knethaken geben. Etwa 10 Minuten bei mittlerer Stufe so lange kneten, bis der Teig glatt ist und sich von der Schüsselwand löst. Butter hinzugeben und bei hoher Stufe so lange kneten, bis der Teig sich erneut von der Schüsselwand löst. Den Teig zur Kugel formen und in eine gefettete oder leicht bemehlte Schüssel geben. Mit einem feuchten Tuch bedecken und etwa 30 Minuten bei Zimmertemperatur angären lassen. Dehnen und falten (s. S. 24), dann über Nacht kühl aufbewahren.

2 Am nächsten Tag: Mit einer Teigrolle den Teig auf der mit Mehl bestäubten Arbeitsfläche zu einem Rechteck in der Länge der Kastenform und auf deren dreifache Breite ausrollen ❶. Den Brotaufstrich auftragen und mit Schokokügelchen bestreuen ❷. Den Teig längs rollen ❸ und die Rolle in der Mitte durchschneiden, sodass man 2 kürzere Rollen erhält. 10 Minuten im Gefrierschrank aufbewahren.

3 Die Rollen längs halbieren und die beiden Stücke mit der Schnittfläche nach oben miteinander verwinden ❹. Die Zöpfe in die mit Backpapier ausgelegten und gefetteten Formen geben, dann mit den restlichen Schokokügelchen bestreuen. Mit einem Tuch bedecken und 1 h 30 bis 2 h bei Zimmertemperatur gehen lassen.

4 Den Ofen auf 160 °C vorheizen. Die Babkas mit dem Pinsel mit verquirltem Ei bestreichen. Für 25 bis 30 Minuten in den Ofen schieben.

5 In der Zwischenzeit den Sirup zubereiten: Wasser und Zucker in einem Topf zum Kochen bringen.

6 Nach dem Herausholen aus dem Ofen die Babkas 5 Minuten abkühlen lassen, dann aus der Form holen und mit Sirup bestreichen.

SÜSSE BROTE

1

2

3

4

SÜSSE BROTE

KOKOS-BRIOCHE

Für 4 Brioches

VORBEREITUNG
20 MIN

RUHEZEIT
4:30 BIS 4:45 H

BACKZEIT
25 MIN

500 g backstarkes Mehl (Type 00)

80 g Kokoszucker

220 ml Sahne

2 Eier + 1 zum Bestreichen

15 g frische Backhefe

9 g Salz

50 g Kokosöl

100 g weiche Butterwürfel

1 Sämtliche Zutaten (bis auf das Kokosöl und die Butter) in die Schüssel einer Küchenmaschine mit Knethaken geben. Bei niedriger Stufe so lange vermengen, bis ein homogener Teig entsteht, dann bei hoher Stufe kneten. Der Teig sollte glatt sein und eine Kugel bilden, die sich von der Schüsselwand löst. Kokosöl und Butter bei niedriger Stufe unterheben. Der Teig sollte sich von der Schüsselwand lösen und dennoch leicht klebrig bleiben. Die Schüssel mit einem Tuch bedecken und 2 h bei Zimmertemperatur angären lassen.

2 Den Teig auf der mit Mehl bestäubten Arbeitsfläche in 4 gleich große Teiglinge (je etwa 270 g) teilen. Leicht zu Kugeln formen, dann für 30 bis 45 Minuten auf einem Blech kaltstellen.

3 Die Teiglinge erneut zu Kugeln formen und ordentlich straffen. Auf ein mit Backpapier ausgelegtes Backblech geben. Mit einem Tuch bedecken und 2 h bei Zimmertemperatur gehen lassen.

4 Den Ofen auf 150 °C vorheizen. Die Brioches mit dem Pinsel mit verquirltem Ei bestreichen, dann für 25 Minuten in den Ofen schieben.

5 Nach dem Herausholen aus dem Ofen die Brioches auf einem Gitter abkühlen lassen.

SÜSSE BROTE

— SÜSSE BROTE —

JAPANISCHES MILCHBROT MIT WEISSER SCHOKOLADE

Für 2 Brote

VORBEREITUNG
25 MIN

RUHEZEIT
4 H

BACKZEIT
30 BIS 40 MIN

500 g feinstes Weizenmehl

300 ml Wasser (16 °C)

75 g flüssiger Sauerteig (siehe S. 18)

9 g Salz

60 g feiner Kristallzucker

60 g Milchpulver

6 g frische Backhefe

10 g Crème fraîche

75 g weiche Butter

22 g ungezuckertes Kakaopulver

80 g weiße Schokotropfen

1 Ei (zum Bestreichen)

Puderzucker (zum Verzieren)

Material:
2 Kastenformen 25 x 11 cm

1 Mehl, Wasser, Sauerteig, Salz, Zucker, Milchpulver und Hefe in die Schüssel einer Küchenmaschine mit Knethaken geben. 4 Minuten bei niedriger Stufe so lange kneten, bis ein homogener Teig entsteht, dann 13 Minuten bei hoher Stufe. Der Teig sollte glatt sein und eine Kugel bilden, die sich von der Schüsselwand löst. Die Crème fraîche und die Butter bei niedriger Stufe unterheben, bis alles komplett vermengt ist. Der Teig sollte sich von der Schüsselwand lösen, dabei jedoch immer noch leicht klebrig sein. Das Kakaopulver hinzugeben und 2 Minuten bei mittlerer Stufe kneten. Die weißen Schokotropfen unterheben und 1 Minute bei niedriger Stufe kneten. Die Schüssel mit einem Tuch bedecken und den Teig 30 Minuten bei Zimmertemperatur angären lassen.

2 Den Teig auf der mit Mehl bestäubten Arbeitsfläche in 4 gleich große Teiglinge (je etwa 300 g) teilen. Leicht zu Kugeln formen, dann für 1 h auf einem Blech kalt stellen.

3 Die Teiglinge erneut zu Kugeln formen, dabei mit den Händen zusammendrücken. 2 Kugeln in jede Form geben. Mit einem Tuch bedecken und 2:30 h bei Zimmertemperatur gehen lassen.

4 Den Ofen auf 160 °C vorheizen. Die Brote mit dem Pinsel mit verquirltem Ei bestreichen und 30 bis 40 Minuten backen.

5 Nach dem Herausholen aus dem Ofen die Milchbrote auf einem Gitter abkühlen lassen, dann mit Puderzucker bestäuben.

JAPANISCHES MILCHBROT MIT PISTAZIEN UND KIRSCHEN

Für 2 Brote

VORBEREITUNG
25 MIN

RUHEZEIT
4 H

BACKZEIT
30 BIS 40 MIN

500 g feinstes Weizenmehl

300 ml Wasser (16 °C)

75 g flüssiger Sauerteig (siehe S. 18)

9 g Salz

60 g feiner Kristallzucker

60 g Milchpulver

6 g frische Backhefe

50 g Crème fraîche

75 g weiche Butter

55 g Pistazienpaste

100 g Kirschen

1 Ei (zum Bestreichen)

50 g zerstoßene Pistazien (zum Bestreuen)

Material:

Kastenformen 25 x 11 cm

1 Mehl, Wasser, Sauerteig, Salz, Zucker, Milchpulver und Hefe in die Schüssel einer Küchenmaschine mit Knethaken geben. 4 Minuten bei niedriger Stufe so lange kneten, bis ein homogener Teig entsteht, dann 13 Minuten bei hoher Stufe. Der Teig sollte glatt sein und eine Kugel bilden, die sich von der Schüsselwand löst. Crème fraîche und Butter bei niedriger Stufe so lange unterheben, bis der Teig wieder homogen ist. Der Teig sollte sich von der Schüsselwand lösen, dabei jedoch leicht klebrig bleiben. Pistazienpaste hinzugeben und 2 Minuten bei mittlerer Stufe kneten. Kirschen unterheben und den Teig 1 Minute bei niedriger Stufe kneten. Die Schüssel mit einem Tuch bedecken und den Teig 30 Minuten bei Zimmertemperatur angären lassen.

2 Den Teig auf der mit Mehl bestäubten Arbeitsfläche in 4 gleich große Teiglinge (je etwa 300 g) teilen. Leicht zu Kugeln formen, dann für 1 h auf einem Blech kalt stellen.

3 Die Teiglinge erneut zu Kugeln formen, dabei zusammendrücken. 2 Kugeln in jede Form geben. Mit einem Tuch bedecken und 2:30 h bei Zimmertemperatur gehen lassen.

4 Den Ofen auf 160 °C vorheizen. Die Brote mit dem Pinsel mit verquirltem Ei bestreichen und mit zerstoßenen Pistazien bestreuen. Für 30 bis 40 Minuten in den Ofen schieben.

5 Nach dem Herausholen aus dem Ofen die Milchbrote auf einem Gitter abkühlen lassen.

INHALTSVERZEICHNIS
NACH REZEPT

B
Babka 170
Bagel 114
Bao-Buns (gedämpfte Brötchen) 106
Blumenbrot 140
Brioche mit weißer Schokolade 150
Brot mit grünem Tee und kandierten Orangen 142
Brot ohne Kneten 42
Buchweizen-Körner-Brot 60
Burgerbrötchen 102

C
Challa 124
Ciabatta mit getrockneten Tomaten und Basilikum 122

D
Dänisches Brot 62
Dattel-Curry-Brot 144
Dinkel-Körner-Brot 58
Dreikornlaib 52

E
Einkornbrot 54

F
Feigen-Haselnuss-Fenchel-Brot 136

G
Gâche de Vendée 160
Grießbrot 82

H
Hanfbrot 92

J
Japanisches Milchbrot mit Pistazien und Kirschen 177
Japanisches Milchbrot mit weißer Schokolade 176

K
Kamut®-Brot 86
Käsebrot 128
Kastanienbrot 76
Kokos-Brioche 172
Kranzbrot 46

L
Landbrot 70
Linsen-Kichererbsen-Brot 88
Lupinen-Mandel-Brot 84

M
Maisbrot mit Sonnenblumenkernen 78
Milchbrötchen 148

N
Naan-Brot 108
Norwegisches Brot 64

O
Olivenbrot 132

P
Pita 110
Pizza 100

Q
Quinoa-Brot 94

R
Reis-Buchweizenbrot 74
Roggenlaib 50
Rosinen-Pekanuss-Ekmek 164
Rosmarin-Focaccia 120

S
Schoko-Bananen-Brioche 154
Schoko-Kokos-Ekmek 165
Sesambrot 66
Süßkartoffelbrot 96

T
Topfbrot 48
Traubenkernbrot 80

V
Viennoise au Chocolat 166
Vollkornbrot 40

W
Walnuss-Haselnuss-Kurkuma-Brot 134
Wrap 116

INHALTSVERZEICHNIS
NACH ZUTATEN

Weizenmehle

Landweizenmehl
Landbrot 70

Backstarkes Mehl
Kokos-Brioche 172

Kamut®-Mehl
Kamut®-Brot 86

Steingemahlenes Mehl Type 812
Traubenkernbrot 80

Herkömmliches Weizenmehl Type 550
Bagel 114
Blumenbrot 140
Brioche mit weißer Schokolade 150
Brot mit grünem Tee und kandierten Orangen 142
Brot ohne Kneten 42
Buchweizen-Körner-Brot 60
Challa 124
Ciabatta mit getrockneten Tomaten und Basilikum 122
Dattel-Curry-Brot 144
Feigen-Haselnuss-Fenchel-Brot 136
Rosmarin-Focaccia 120
Grießbrot 82
Käsebrot 128
Kamut®-Brot 86
Kastanienbrot 76
Kranzbrot 46
Linsen-Kichererbsen-Brot 88

Maisbrot mit Sonnenblumenkernen 78
Milchbrötchen 148
Naan-Brot 108
Norwegisches Brot 64
Olivenbrot 132
Pita 110
Pizza 100
Rosinen-Pekanuss-Ekmek 164
Sesambrot 66
Süßkartoffelbrot 96
Topfbrot 48
Traubenkernbrot 80
Vollkornbrot 40
Viennoise au Chocolat 166
Walnuss-Haselnuss-Kurkuma-Brot 134

Weizenmehl Type 405
Babka 170
Bao-Buns (gedämpfte Brötchen) 106
Burgerbrötchen 102
Gâche de Vendée 160
Schoko-Kokos-Ekmek 165
Weizenmehl Type 550
Schoko-Bananen-Brioche 154
Wrap 116

Brotmehl Type 1600
Dänisches Brot 62
Lupinen-Mandel-Brot 84
Norwegisches Brot 64
Vollkornbrot 40

ANDERE MEHLSORTEN

Dinkelmehl Type 812
Dinkel-Körner-Brot 58

Hanfmehl
Hanfbrot 92

Kastanienmehl
Kastanienbrot 76

Feinstes Weizenmehl
Brot mit grünem Tee und kandierten Orangen 142
Ciabatta mit getrockneten Tomaten und Basilikum 122
Dattel-Curry-Brot 144
Japanisches Milchbrot mit weißer Schokolade 176
Japanisches Milchbrot mit Pistazien und Kirschen 177

Linsenmehl
Linsen-Kichererbsen-Brot 88

Lupinenmehl
Lupinen-Mandel-Brot 84

Maismehl
Maisbrot mit Sonnenblumenkernen 78

Kokosmehl
Schoko-Kokos-Ekmek 165

Süßkartoffelmehl
Süßkartoffelbrot 96

Einkornmehl
Einkornbrot 54
Dreikornlaib 52
Quinoa-Brot 94

INHALTSVERZEICHNIS NACH ZUTATEN

Kichererbsenmehl
Linsen-Kichererbsen-Brot 88

Quinoa-Mehl
Quinoa-Brot 94

Traubenkernmehl
Traubenkernbrot 80

Reismehl
Reis-Buchweizen-Brot 74

Buchweizenmehl
Buchweizen-Körner-Brot 60
Dreikornlaib 52
Reis-Buchweizen-Brot 74

Roggenmehl
Blumenbrot 140
Kranzbrot 46

Roggenmehl Type 1150/1370
Dänisches Brot 62
Dreikornlaib 52
Roggenlaib 50

Hartweizengrieß
Grießbrot 82

SAUERTEIGE

Flüssiger Sauerteig
Babka 170
Bagel 114
Blumenbrot 140
Brioche mit weißer Schokolade 150
Brot mit grünem Tee und kandierten Orangen 142
Buchweizen-Körner-Brot 60
Burgerbrötchen 102
Ciabatta mit getrockneten Tomaten und Basilikum 122
Dattel-Curry-Brot 144
Dreikornlaib 52
Einkornbrot 54

Feigen-Haselnuss-Fenchel-Brot 136
Rosmarin-Focaccia 120
Grießbrot 82
Hanfbrot 92
Japanisches Milchbrot mit weißer Schokolade 176
Japanisches Milchbrot mit Pistazien und Kirschen 177
Kamut®-Brot 86
Käsebrot 128
Kranzbrot 46
Maisbrot mit Sonnenblumenkernen 78
Naan-Brot 108
Norwegisches Brot 64
Olivenbrot 132
Pita 110
Pizza 100
Quinoa-Brot 94
Roggenlaib 50
Rosinen-Pekanuss-Ekmek 164
Schoko-Kokos-Ekmek 165
Süßkartoffelbrot 96
Topfbrot 48
Viennoise au chocolat 166
Vollkornbrot 40
Walnuss-Haselnuss-Kurkuma-Brot 134

Fester Sauerteig
Brot ohne Kneten 42
Dinkel-Körner-Brot 58
Kastanienbrot 76
Landbrot 70
Traubenkernbrot 80

ANDERE ZUTATEN

Mandeln
Lupinen-Mandel-Brot 84

Orangenaroma
Gâche de Vendée 160

Bananen
Schoko-Bananen-Brioche 154

Basilikum
Ciabatta mit getrockneten Tomaten und Basilikum 122

Butter
Babka 170
Bagel 114
Kokos-Brioche 172
Brioche mit weißer Schokolade 150
Schoko-Bananen-Brioche 154
Burgerbrötchen 102
Gâche de Vendée 160
Japanisches Milchbrot mit weißer Schokolade 176
Japanisches Milchbrot mit Pistazien und Kirschen 177
Maisbrot mit Sonnenblumenkernen 78
Milchbrötchen 148
Naan-Brot 108
Viennoise au chocolat 166
Walnuss-Haselnuss-Kurkuma-Brot 134

Ungezuckertes Kakaopulver
Japanisches Milchbrot mit weißer Schokolade 176
Schoko-Bananen-Brioche 154

Zimtpulver
Rosinen-Pekanuss-Ekmek 166

Kirschen
Japanisches Milchbrot mit Pistazien und Kirschen 177

Kastanien
Kastanienbrot 76

INHALTSVERZEICHNIS NACH ZUTATEN

Weiße Schokolade
Brioche mit weißer Schokolade ... 150
Japanisches Milchbrot mit weißer Schokolade ... 176

Zartbitterschokolade
Babka ... 170
Schoko-Bananen-Brioche ... 154
Schoko-Kokos-Ekmek ... 165
Viennoise au chocolat ... 166

Comté (Hart-Rohmilchkäse)
Käsebrot ... 128

Crème fraîche
Japanisches Milchbrot mit weißer Schokolade ... 176
Japanisches Milchbrot mit Pistazien und Kirschen ... 177

Kurkumapulver
Walnuss-Haselnuss-Kurkuma-Brot ... 134

Currypulver
Dattel-Curry-Brot ... 144

Datteln
Dattel-Curry-Brot ... 144

Emmentaler
Käsebrot ... 128
Pizza ... 100

Feigen
Feigen-Haselnuss-Fenchel-Brot ... 136

Essblumen
Blumenbrot ... 140

Haferflocken
Dänisches Brot ... 62

Hanfkörner
Hanfbrot ... 92

Kürbiskerne
Dänisches Brot ... 62
Dinkel-Körner-Brot ... 58
Süßkartoffelbrot ... 96

Fenchelsamen
Feigen-Haselnuss-Fenchel-Brot ... 136

Leinsamen
Dinkel-Körner-Brot ... 58
Buchweizen-Körner-Brot ... 60

Hirse
Buchweizen-Körner-Brot ... 60

Mohn
Bagel ... 114
Challa ... 124
Dinkel-Körner-Brot ... 58

Sahne
Kokos-Brioche ... 172

Sesam
Bagel ... 114
Buchweizen-Körner-Brot ... 60
Challa ... 124
Dänisches Brot ... 62
Dinkel-Körner-Brot ... 58
Norwegisches Brot ... 64
Sesambrot ... 66

Sonnenblumenkerne
Dänisches Brot ... 62
Dinkel-Körner-Brot ... 58
Maisbrot mit Sonnenblumenkernen ... 78
Norwegisches Brot ... 64

Olivenöl
Brot mit grünem Tee und kandierten Orangen ... 142
Challa ... 124
Ciabatta mit getrockneten Tomaten und Basilikum ... 122
Rosinen-Pekanuss-Ekmek ... 164
Rosmarin-Focaccia ... 120
Schoko-Kokos-Ekmek ... 165
Linsen-Kichererbsen-Brot ... 88
Olivenbrot ... 132

Pita ... 110
Pizza ... 100
Süßkartoffelbrot ... 96
Wrap ... 116

Kokosöl
Dattel-Curry-Brot ... 144
Kokos-Brioche ... 172
Lupinen-Mandel-Brot ... 84

Haselnussöl
Reis-Buchweizen-Brot ... 74

Sesamöl
Sesambrot ... 66

Sonnenblumenöl
Burgerbrötchen ... 102

Geschmacksneutrales Öl
Bao-Buns (gedämpfte Brötchen) ... 106

Schinken
Pizza ... 100

Vollmilch
Babka ... 170
Schoko-Bananen-Brioche ... 154
Gâche de Vendée ... 160
Milchbrötchen ... 148
Naan-Brot ... 108

Haselnüsse
Dänisches Brot ... 62
Feigen-Haselnuss-Fenchel-Brot ... 136
Walnuss-Haselnuss-Kurkuma-Brot ... 134

Walnüsse
Dänisches Brot ... 62
Walnuss-Haselnuss-Kurkuma-Brot ... 134

Kokosraspeln
Schoko-Kokos-Ekmek ... 165

INHALTSVERZEICHNIS NACH ZUTATEN

Geriebene Kokosnuss
Schoko-Kokos-Ekmek 165

Pekanüsse
Rosinen-Pekanuss-Ekmek 164

Popcorn
Maisbrot mit Sonnenblumen-
    kernen 78

Honig
Einkornbrot 54
Dattel-Curry-Brot 144
Dänisches Brot 62
Kastanienbrot 76
Norwegisches Brot 64
Reis-Buchweizen-Brot 74
Roggenlaib 50
Rosinen-Pekanuss-Ekmek 164
Schoko-Kokos-Ekmek 165
Süßkartoffelbrot 96

Eier
Babka 170
Bagel 114
Kokos-Brioche 172
Brioche mit weißer Schokolade 150
Schoko-Bananen-Brioche 154
Brot mit grünem Tee und
    kandierten Orangen 142
Burgerbrötchen 102
Gâche de Vendée 160
Japanisches Milchbrot mit
    weißer Schokolade 176
Japanisches Milchbrot mit
    Pistazien und Kirschen 177
Käsebrot 128
Maisbrot mit Sonnenblumen-
    kernen 78
Milchbrötchen 148
Naan-Brot 108
Viennoise au Chocolat 166

Schwarze Oliven
Olivenbrot 132

Grüne Oliven
Olivenbrot 132

Kandierte Orangen
Brot mit grünem Tee und
    kandierten Orangen 142

Getrockneter Oregano
Pizza 100

Brotaufstrich
Babka 170

Pistazienpaste
Japanisches Milchbrot mit
    Pistazien und Kirschen 177

Pistazien
Japanisches Milchbrot mit
    Pistazien und Kirschen 177

Milchpulver
Brioche mit weißer Schokolade 150
Burgerbrötchen 102
Japanisches Milchbrot mit
    weißer Schokolade 176
Japanisches Milchbrot mit
    Pistazien und Kirschen 177
Viennoise au Chocolat 166
Walnuss-Haselnuss-
    Kurkuma-Brot 134

Rosinen
Rosinen-Pekanuss-Ekmek 164
Traubenkernbrot 80

Brauner Rum
Gâche de Vendée 160

Rosmarin
Feigen-Haselnuss-Fenchel-
    Brot 136
Rosmarin-Focaccia 120

Tomatensauce
Pizza 100

Kokoszucker
Kokosbrioche 172

Linsen-Kichererbsen-Brot 88
Lupinen-Mandel-Brot 84

Puderzucker
Schoko-Bananen-Brioche 154
Japanisches Milchbrot mit
    weißer Schokolade 176

Hagelzucker
Milchbrötchen 148

Feinster Kristallzucker
Babka 170
Bagel 114
Bao-Buns (gedämpfte
    Brötchen) 106
Brioche mit weißer Schokolade 150
Schoko-Bananen-Brioche 154
Burgerbrötchen 102
Challa 124
Gâche de Vendée 160
Brot mit grünem Tee und
    kandierten Orangen 142
Japanisches Milchbrot mit
    weißer Schokolade 176
Japanisches Milchbrot mit
    Pistazien und Kirschen 177
Milchbrötchen 148
Naan-Brot 108
Pita 110
Pizza 100
Viennoise au Chocolat 166
Walnuss-Haselnuss-Kurkuma-
    Brot 134

Grüner Tee
Brot mit grünem Tee und
    kandierten Orangen 142

Getrocknete Tomaten
Ciabatta mit getrockneten
    Tomaten und Basilikum 122

Flüssige Vanille-Extrakt
Gâche de Vendée 160

VERLAGSGRUPPE PATMOS
PATMOS
ESCHBACH
GRÜNEWALD
THORBECKE
SCHWABEN
VER SACRUM

Die Verlagsgruppe
mit Sinn für das Leben

Die Verlagsgruppe Patmos ist sich ihrer Verantwortung gegenüber unserer Umwelt bewusst. Wir folgen dem Prinzip der Nachhaltigkeit und streben den Einklang von wirtschaftlicher Entwicklung, sozialer Sicherheit und Erhaltung unserer natürlichen Lebensgrundlagen an. Näheres zur Nachhaltigkeitsstrategie der Verlagsgruppe Patmos auf unserer Website www.verlagsgruppe-patmos.de/nachhaltig-gut-leben

Alle Rechte vorbehalten
© der deutschen Ausgabe 2022 Jan Thorbecke Verlag
Verlagsgruppe Patmos in der Schwabenverlag AG, Ostfildern
www.thorbecke.de
© der französischen Ausgabe unter dem Titel Le Grand Livre du Pain: Larousse 2021

Übersetzung: Sandra Göbel
Umschlaggestaltung: Finken & Bumiller, Stuttgart
Umschlagabbildung: Massimo Pessina
Satz: Schwabenverlag AG, Ostfildern
Druck: PNB Print Ltd, Silakrogs
Hergestellt in Lettland
ISBN 978-3-7995-1583-2

Éric Kayser dankt Élodie De Montbron, Richard Boussuge, Jawad Abouassam, Gérard Boulanger, Ali Binkdan, Christophe Rouault und Claudia Sobrecases für ihre wertvolle Hilfe während der Arbeit an diesem Buch.

Projektleitung: Isabelle Jeuge-Maynart et Ghislaine Stora
Lektoratsleitung: Émilie Franc
Lektorat: : Flore Beaugendre
Künstlerische Leitung: Géraldine Lamy
Innengestaltung: Valentine Antenni
Satz: Lucile Jouret
Korrektorat: Natacha Dimakopoulos
Herstellung: Émilie Latour
Bildbearbeitung: Chromostyle
Illustrationen: © Shutterstock